新特産シリーズ

サトイモ

栽培から
貯蔵、
種芋生産
まで

松本美枝子＝著

農文協

はじめに

遠い昔、南方のインダス、ガンジス、長江下流域から、命をつなぐ食料としてサトイモを携え、新天地を求め旅に出た人々がいた。その一部がアジア大陸東端の日本列島にたどりつき、生活を始めた。これがサトイモの日本への初上陸と考えられる。当時の日本列島には、南方だけでなく、中国、韓国、シベリアなど北方地域からも、貴重な食料を携え上陸した人々がいた。こうした人々（縄文人）は、時間の経過に伴い、相互に行き来するようになり、サトイモもより広い範囲で栽培されるようになった。

弥生時代になると、縄文人たちが持ってきたサトイモは、そのほかの野菜（ダイコン、ゴボウなど）や雑穀、豆類とともに新しい時代の礎となった。その後、人口が増え、人々が定住するに従い、熱帯原産のサトイモは、九州や中国・四国、東海だけでなく、温暖地の北陸や寒冷地の東北でも栽培されるようになった。これがサトイモの選抜育種の始まりといえる。こうしてつくられた地方品種は、地域の伝統料理とともに、現在も高い評価を得ている。

こんな壮大な歴史を日本人とともに歩んできたサトイモだが、近年、中国からの輸入量が増加し、水稲などと比べて省力・低コスト化が遅れたことから、作付面積も生産量も著しく減少した。しかし、食の安心・安全、さらに健康志向が強くなって消費量は徐々に回復し始めている。現在、市場単価も二〇〇円／一〇〇kg程度で安定しているので、収量が三t／一〇a程度確保できれば、有利な露地野菜だといえる。

なお、子どもの育て方が各人各様であるように、サトイモの育て方もさまざまであってよい。また、資材や施設を有効に活用することにより、さらに高品質なサトイモの省力・低コスト栽培がこれからもできてくると思われる。例えば、種芋一つから、場合によっては六ないし八株のサトイモが栽培できる分割育苗法や、種芋植え付け時期に肥料を全量施用し、一五cm程度覆土する無培土栽培法が開発されている。また、高品質・多収系の株を毎年選ぶことにより、品質の良い芋が安定して生産できる地方品種も各地で育成されている。

ただし、こうした新しい栽培技術や品種は、サトイモをよく理解することによって生まれてきたものである。そこで、本書では、第1章でサトイモの歴史や作物としての魅力、第2章では主な品種と地方品種、第3章では作物としての特徴と栽培のポイント、第4章ではサトイモの作型と品種を組み合わせることにより無理をしないで長期間にわたって出荷する方法、第5章では各作型の栽培方法を省力・低コスト栽培も含めて説明している。さらに、第6章ではサトイモ栽培で問題になる生理障害と病害虫の実態とその対策についても解説している。最後に、第7章ではサトイモの利用と加工にふれた。

本書を参考にして、皆様が、それぞれの個性でサトイモに働きかけながら、高品質・多収系品種を選び、各地域の環境に適した栽培技術を確立していただきたい。そして、長い歴史や伝統とともに、生産者の意気込みを添えて、消費者に自信を持って供給していただければと思う。

平成二十四年一月

松本　美枝子

目次

第1章　サトイモの魅力

1　サトイモの現在に至るまで

(1) サトイモの生まれ故郷

日本で栽培されているサトイモには、芋を食用とするコロカシア エスクレンタ（*Colocasia esculenta*）と、芋ができずに芋茎だけを食べるコロカシア ギガンタ（*C. gigantea*）の二種類がある。原産地は熱帯のインドからマレー半島の大河川流域とされ、紀元前二十二世紀前後に起きた民族の大移動とともに世界各地に広がったと考えられている（図1―1）。植物は、気象条件が異なる地域で長年栽培されても、元々の生まれ故郷の環境が最適条件になる。サトイモは、雨の多い熱帯地方で生まれたので、日本の栽培品種も乾燥に弱く、多日照を好み、生育適温は二五～三〇℃と高く、低温

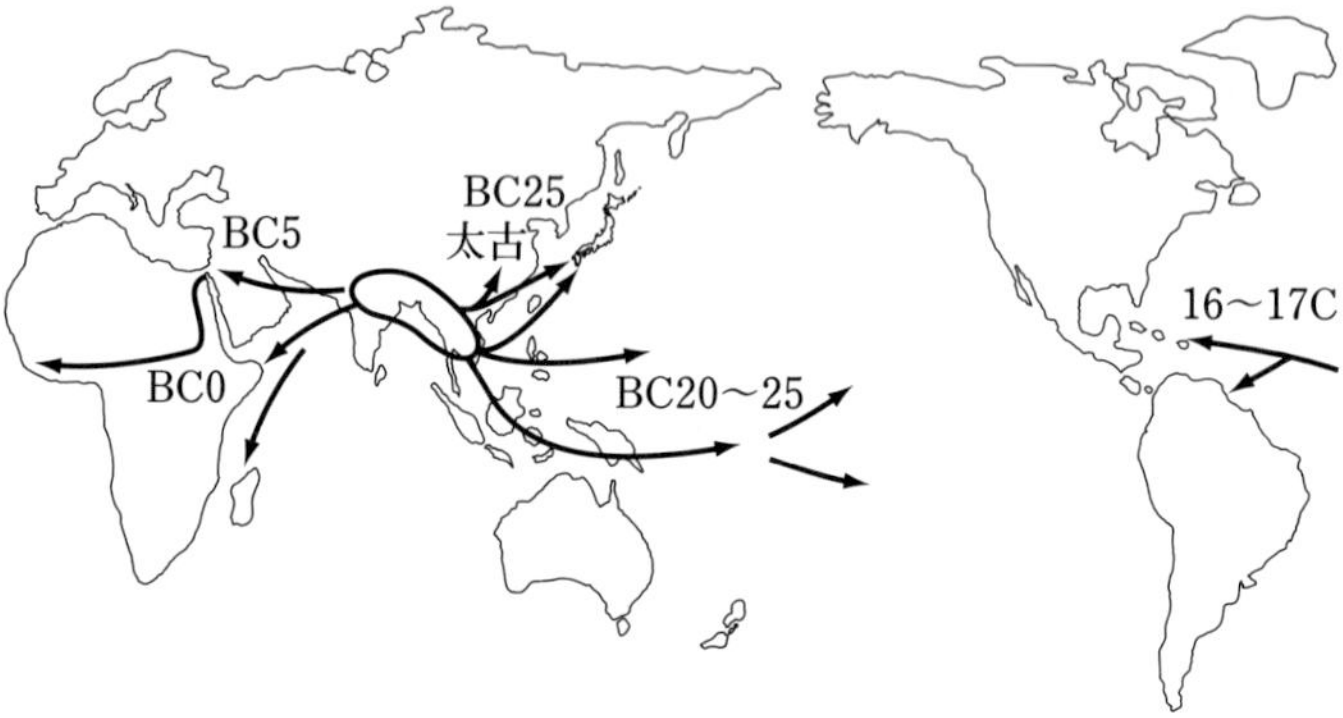

図1−1　サトイモの起源と伝搬

(Plucknett, 1976；星川, 1978；Yamaguchi, 1983より改編)

（一五℃以下）に弱い。そのため降水量の少ない年の収量は減少する。

(2) 世界各地で活躍する兄弟たち

紀元前二十二世紀ごろとは、世界の天候が悪化(乾燥)し、食料が安定して生産できる大河川流域の土地をめぐって各地で民族の争いが起きた時期で、古代文明の多くが滅んだ時期でもある。サトイモはこの時期に民族の移動とともに中国や太平洋一帯、アフリカにまで達し、その後、アフリカからスペインへ、そして熱帯アメリカにも伝わったとされている。

今日、サトイモの栽培量は、アジアだけでなく、アフリカやオセアニアでも多く、国名でいえばナイジェリア、ガーナ、日本、パプア・ニューギニアなどで多く、今も主食にしている地域がある。

なお、サトイモは、熱帯では多年生植物だが、温帯では冬期の温度が低いので一年生になる。また、熱帯地方では、気象条件が適していることもあり、収穫される芋のなかには非常に大きいものもある。

(3) 日本はサトイモ生産地の北限

縄文時代には、南中国（長江流域）から多くの人々が渡来したことが知られていて、そのときにサトイモがもたらされたと考えられる。日本へは、それ以前にも多年生サトイモとその栽培技術が伝わっていたが、定着したのは一年生サトイモとその栽培技術だったようである。

日本はサトイモ生産地の北限で、南中国より気温が低い。特に気温の低い東北・北陸・高冷地でも安定して栽培されるようになったのは、長い時間をかけて低温に強い系統を選び出し、種芋の貯蔵方法や栽培方法を確立した縄文人の努力のたまものである。東北、北陸地方や長野県などにある伝統野菜としてのサトイモは、その成果なのである。

(4) 水稲が伝来するまで

縄文人は、狩猟、採集と焼畑農業によって食糧を確保していた。焼畑農業とは、雑穀（アワ、ヒエなど）、豆類、サトイモの順番に栽培され、二～三サイクルが終わると場所を変えて再び焼畑を行なうというものだった。焼畑農業では養える人数に限界があり、集落も比較的小規模であったため、稲作技術や製鉄技術（鉄製農具や武器）を持って渡来した弥生人に支配されるようになった。

しかし、このときの縄文人は、弥生人にほろぼされたわけでも、辺境の地に追いやられたわけでもない。雑穀や豆、サトイモを残しながら、稲作文化を受け入れ、弥生人とも交わっていったと考えられている。つまり、サトイモの歴史は、日本にまず渡来した縄文人と、その後に渡来した弥生人が混ざりあって現在に至っていることを示している。

(5) ジャガイモやサツマイモが定着するまで芋といえばサトイモだった

サツマイモが日本で食べられるようになったのは十八世紀前半、ジャガイモは十九世紀前半と遅く、それまで芋といえばサトイモのことで、広く愛されていた。池波正太郎の『鬼平犯科帳　十一巻　土蜘蛛の金五郎』には、江戸時代の食事の情景として〝熱い飯に味噌汁、里芋と葱の含め煮、大根の切漬〟、〝煮ふくめた里芋に葱の甘みがとけこみ、なんともいえずうまい〟とある。

サトイモ料理といえば、味噌汁、煮転がし、田楽などだが、今日では牛肉と一緒に食べる芋煮、乳製品とともに食べるシチューやグラタン、油で揚げるコロッケなども一般的になっている。このようにサトイモが食材として見直されているのは、芋類のなかでは低カロリーで、タンパク質やビタミンB_1、カリウム、食物繊維が豊富であることによる。ぬめりに含まれる水溶性食物繊維（ガラクタン、グルコマンナン）は、腸を刺激して便秘の予防、改善をすると同時に、血糖値やコレステロール値を下げる働きがあるといわれている。また、ぬめりの主成分ムチン（糖タンパク）は、胃の粘膜を保護したり、肝臓や腎臓の働きを助けたりするほか、細胞を活性化する働きもあるので、認知症予防にも効果があるとされている。

(6) 時間をかけて日本の気候に適したサトイモになった

サトイモは、日本に来てから三〇〇〇回以上栄養繁殖を繰り返して栽培され続けてきた。熱帯性植物であるサトイモは、温帯の日本に幅広く定着し、東北地方や高冷地でも栽培されるようになった。栄養繁殖性だが、品質が低下したり収量が減ることもなく、今日でも栽培されている。

栄養繁殖性作物にとって最大の難関の一つであるウイルス病は、いったん罹病すると治ることのない怖い病気で、通常、収量・品質ともに極端に低下してくる。その対策として、サトイモと同じ多くの栄養繁殖性作物では、茎頂培養などによるウイルス除去が行なわれ、効果を上げている。しかし、サトイモのウイルス除去効果は明らかではない（各種ウイルスの混合感染を除く）。

図1―2、写真1―1は、種子から育てた野生サトイモのウイルスフリー苗の葉に、若齢期の葉にウイルス症状が認められる株の葉汁を接種したもので、接種後一～五葉目（①～⑤）までの葉の変化を示した。②～④までモザイク、わい化、葉の硬化症状が認められ、④三葉目が最も顕著だが、⑥五葉目で回復し、その後、正常な生育を示した（①～⑥は図1―2の番号）。そして、その後同じ株

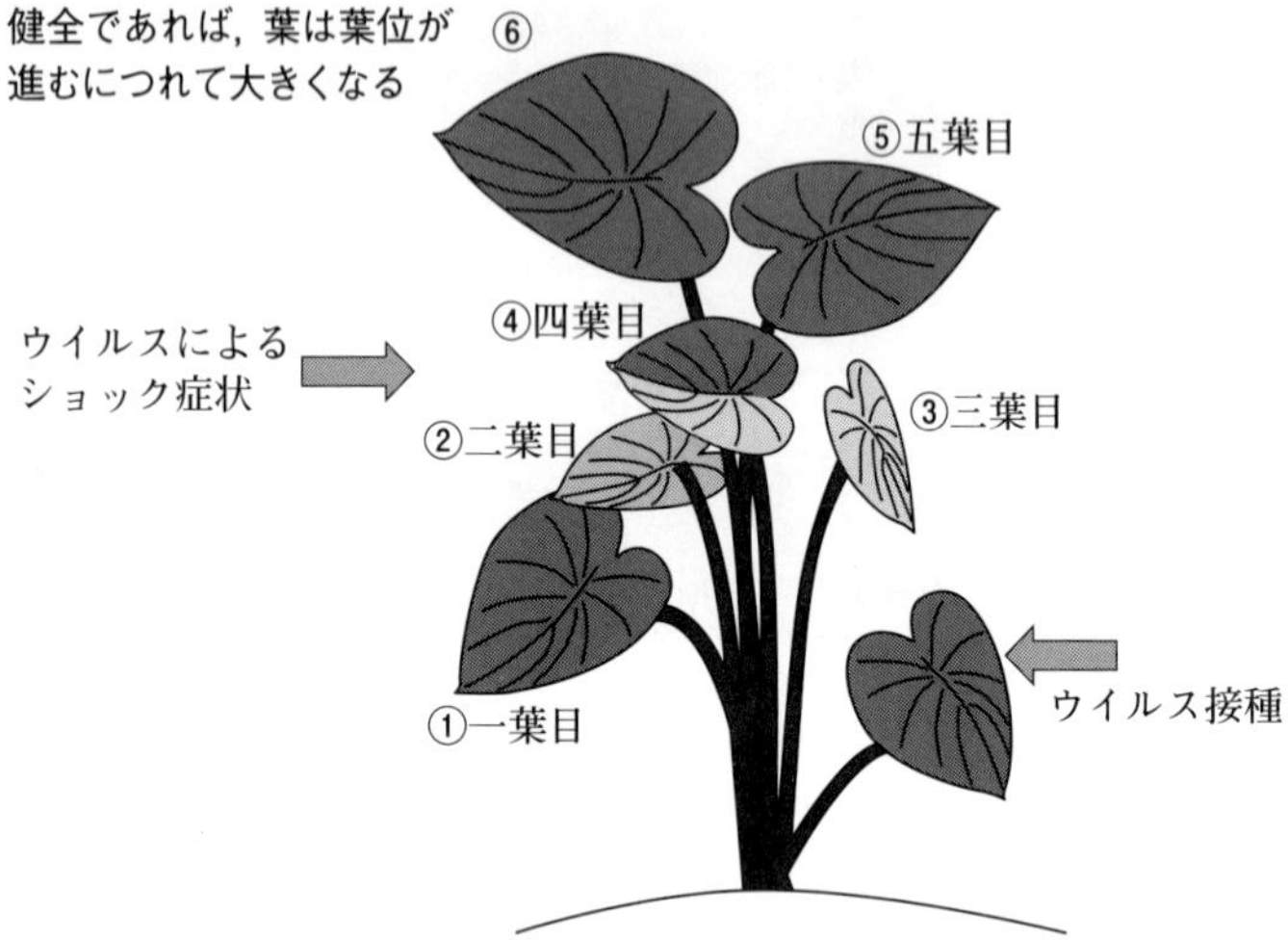

図1－2　ウイルス接種後のショック症状とその後の生育

- 最下葉にウイルスを接種する
- 接種後展開する②，③，④は写真1－1にみられるようにウイルスによるショック症状（モザイク症状が現われ，葉身は厚く，葉柄は短くなる）が認められる
- その後展開する⑤以上の葉にはショック症状が認められず，葉位が進むにつれ大きくなる
- ⑤以降に再びウイルスを接種しても，症状は現われない
- ⑥以降は葉はしだいに大きく，長くなる（正常に生育する）

に同じ葉汁を再び接種しても、症状は現われないばかりか、生育が遅延することもなかった（図1―2）。

実用品種である「石川早生」や「大和早生」に、上記と同様の葉汁を接種しても、症状は全く現われないので、サトイモとウイルスは、長い時間をかけて、ともに生きる関係をつくり上げたとも考えられる。サトイモ体内にウイルスの抗体ができたのかもしれない。

二葉目（図1－2の②）

三葉目（図1－2の③）

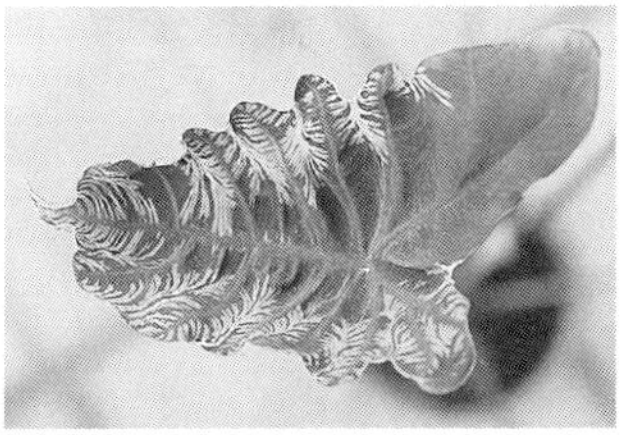

四葉目（図1－2の④）

五葉目（図1－2の⑤）

写真1－1　サトイモのウイルス接種後のショック症状

2　サトイモ栽培の魅力

(1)　日本各地（水田、畑、山や丘でも）でつくれる

日本で栽培されているサトイモ品種のほとんどは中国にもあるが、早生品種の「石川早生」は大阪の石川村でみいだされた日本固有の品種である（土垂《どだれ》系品種からの突然変異株）。「石川早生」は、生

育期間が短く収穫時期も早いので、植え付け時期が遅くなる寒冷地でも寒くなる前に収穫できることから、在来品種のない東北の寒冷地でも栽培できる。

また、日本各地に、昔から特定の地域だけで栽培されている品種がある。これらは、既存の品種群のなかから長い年月をかけて、各地域の気象条件や栽培方法、調理法に合った系統が選ばれたもので、在来品種と呼ばれる。これらのなかには、比較的温度の低い地域でも育ち、乾燥に強い品種などがある。

(2) 作型を変えれば年中出荷できる

市場には、三～六月には沖縄のハウス促成したものが、五～九月には温暖地のハウス半促成、トンネル早熟、マルチ早熟栽培したものが、九～十二月には日本各地の産地から早生品種、中生品種、晩生品種を普通栽培したものが、冬（一～三月）には、貯蔵したものが出荷され流通している。つまり、周年にわたって国産サトイモが出荷される。そして、それぞれの地域で品種と作型を組み合わせれば出荷期間を拡大できる。

(3) 機械化によって重労働から解放されたサトイモ栽培

サトイモ栽培は、かつては重労働でしかも長い労働時間が必要だったが、現在では植え付けから収穫、出荷に至るまでのほとんどの作業が機械化されてきたため、重労働から解放されるだけでなく、生産費を下げることも可能になってきた。

サトイモの省力栽培のための機械がたくさん市販されている。エイブルプランター（耕耘、施肥、植え付け、成型畝立て、マルチャーが一体になった機械：九五万円＋一七万円〔後付施肥機〕）、フレルモア（収穫のための地上部刈り取り：五〇万円）、マルチはぎ機（マルチ巻き取り機：五〇万円）、掘り取り機（五二万円）などがそれで、二〇馬力程度のトラクターに装着でき、ほかの芋類栽培にも活用できる。自走式の専用機と比べて価格は安く、作型と品種を組み合わせれば家族労働で三ha程度の栽培も夢ではない。

さらに、運搬車（圃場からの株の搬出）や、サトイモ特有の作業用機械として子・孫芋分離機（三八万円）、除根・毛羽取り機（五五万円）、選別機（二一万円）もある。また、圃場の排水対策は畑作栽培では不可欠だが、重労働である。溝掘り機（四三万円）、サブソイラー（三〇万円）は、こうした作業を軽労化、省力化してくれた。

しかし、個々の機械は、極端に高価ではないが、すべてを揃えると三〇〇万円を上回り、高価である。利益を生むためには機械のフル活用と販売先の確保、販売量や販売期間、雇用などを考慮する必要がある。場合によっては共同購入、共同利用を考えるのもよい（サトイモ用機械の写真は第5章を参照）。

(4) 安心・安全なサトイモは日本の味

サトイモは日本人が好きな野菜の一つだが、一九七一年に五六万tであった生産量は、一九八二年には四〇万t、一九九三年には三〇万t、二〇〇四年には二〇万tと急激に減少した。その後、減少傾向はやや収まりをみせたが、二〇〇五年以降はどうにか一八万tが維持されたにすぎない。

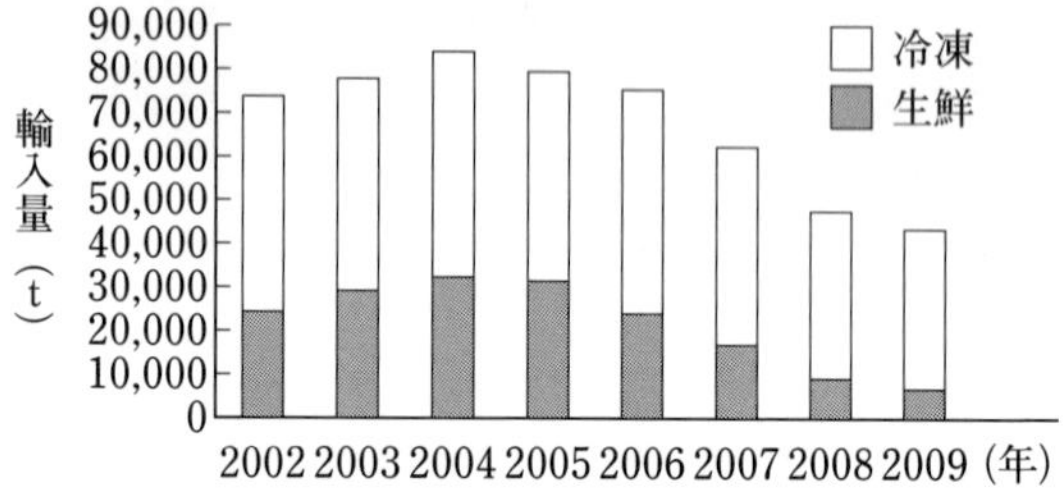

図1−3　輸入量に占める生鮮・冷凍サトイモの推移

資料）農畜産業振興機構「ベジ探」（原資料：財務省「貿易統計」）

生鮮サトイモと冷凍サトイモの2002年以降の輸入状況をみると，輸入先は中国が大半を占めているが，中国の食品安全性が大きな問題となり，近年は減少傾向となっている。中国からの輸入形態は，2002年は約3分の1が生鮮だったが，2009年には，大半が冷凍品になっている

これは主に中国から安価な生鮮と冷凍のサトイモが多量に輸入されるようになったためで、価格も急激に低下した。そのため、国内の生産者は経営が成り立たなくなって、生産を縮小するようになった。

このように国産サトイモが減少した結果、一九八〇年代末まで二万t前後であった輸入量は、一九九六年には一四万九〇〇〇tと急増し、

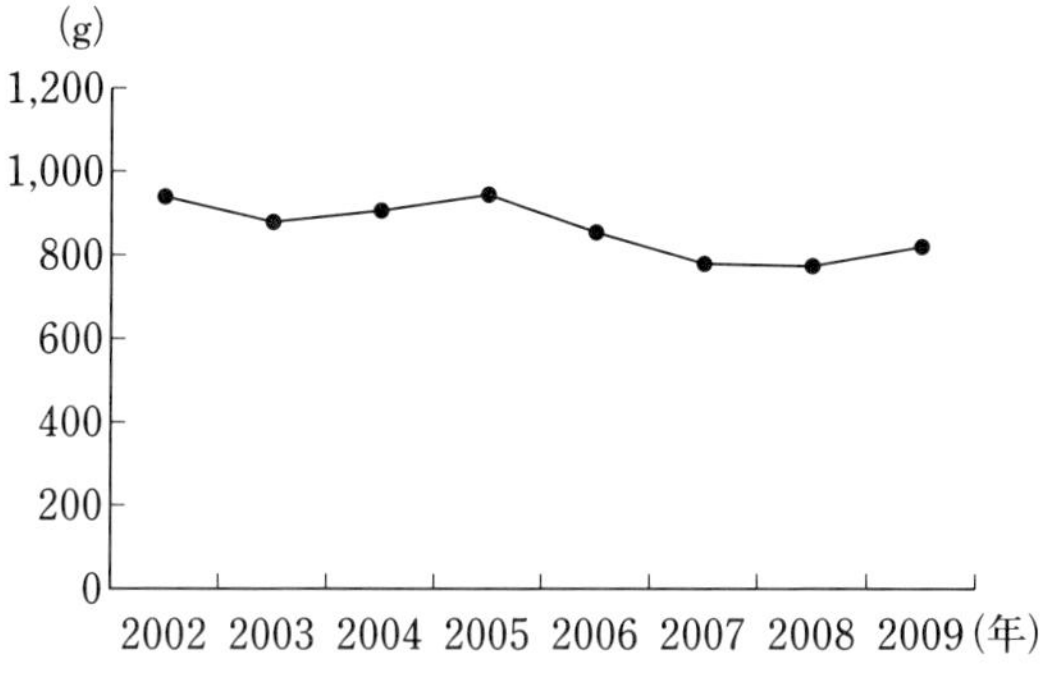

図1―4　1人当たり年間購入量の推移

資料）農畜産業振興機構「ベジ探」（原資料：総務省「家計調査年報」）

二〇〇〇年以降は八万t程度で横ばい傾向を示している。輸入サトイモの八割前後は冷凍品が占め（図1―3）、消費の大半は業務用である。零細な加工やファストフード業者にとって、単価の安い輸入冷凍サトイモは、今後しばらくは減少しないとも考えられている。

しかし、その後、輸入サトイモの農薬の乱用が大きな問題になり、消費者は、安心・安全な芋を求めるようになった。こうしたことを契機に、安全なサトイモを長期間安定して供給する努力が再開された。さらに、輸入芋に対抗するため、各産地で機械化などによってコスト削減が実現し、有機物の積極的利用や肥料と薬剤使用量の削減などによる安心・安全に配慮した栽培が行なわれるようになった。その結果、生鮮サトイモは、輸入量がしだいに減少し、流通量の少ない六～八月を除いてほとんど国産でまかなわれるようになった。また、サトイモの機能性が理解されるようになってか、二〇〇九年から、わずかだが一人当たり消費量が増加傾向を示すようになってきた（図1―4）。

(5) 地域特産サトイモで地域おこし

水稲が日本に伝来する以前は、サトイモが日本人にとって最も重要なエネルギー源（炭水化物）であったため、各地の湿潤で肥沃な地域でサトイモが栽培されていたと考えられる。そして、今日でもそうした地域に多くの在来品種が残っていて、それらは、各地域の気象条件と土壌条件や食文化に合った芋が長年にわたって選別され、栽培方法も工夫して維持・管理されてきた。

高度成長期には、効率を追い求めるあまりに、サトイモだけでなく多くの在来品種（遺伝資源）が極端に少なくなったが、最近では、伝統野菜を貴重な遺伝資源として見直す機運が高まってきて、なかには地域おこしの柱にする地域もみられる。

第2章の「(3) 各地に残されてきた地方品種」のように、地域の歴史や食文化とともに在来品種を売り出す地域が多くみられるようになった。福井県の大野芋や岩手県の「二子芋《ふたご》」のように、地域全体で、安心・安全はもちろん、地域に残された伝統品種と栽培法に徹底的にこだわり、その取り組みを消費者に直接訴えることで販売の拡大と地域の活性化を図っているところも多くなってきた。これは、長い歴史と伝統のあるサトイモ生産だからこそ可能なことである。

(6) 伝統料理の伝承と新しい料理法の提案で消費の拡大を

サトイモの消費は比較的年代の高い人に多く、若い人は少ないのが実情。若い人に人気がない理由として、「調理法がわからない」「調理が面倒（手がかゆくなる）」などがあげられている。かつては、親が子どもに昔ながらの季節の味を伝えてきたが、今では居酒屋の一品料理（煮転がし、そぼろアンかけ、衣かつぎなど）がかろうじて日本の味を伝えているともいえる。こうした伝統の味と料理法を伝えきれなかったことが、伝統野菜の衰退をもたらした一因であろう。

しかし、手がかゆくなるのは、生のまま皮をむくのではなく、茹でた後に皮をとれば解決できるし、皮むきも簡単にできる。また、料理法も、伝統にこだわることはなく、シチュー、コロッケ、サラダなど洋風料理に使ってもおいしい。カロリーが低く、機能性に優れた食材なので、若い人にも受け入れられるであろう。

第2章　多様なサトイモの品種

1　タロイモとサトイモ

サトイモは、アジアだけでなくアフリカやオセアニアでも栽培されているが、多年生作物として栽培されている熱帯地方のサトイモ（タロイモ）と一年生作物として栽培されている日本のサトイモでは、形状などが若干異なる。

ほとんどのサトイモは、種子で増えるのではなく、親の体の一部を種芋として再生産に利用されている（栄養繁殖性作物）。二千〜三千年にわたって同じ環境で栽培されてきたサトイモは、より環境に適した系統（変異系統）が残り、在来品種になったと考えられる。しかし、品種群を超えるような変異はないようである。

るサトイモ品種とその特徴　（飛高ら）

利用法による分類	食用部位	タイプ	早晩性	倍数性	植物学的分類
子芋用品種	分球芋	ぬめりタイプ	早生	3倍体	コロカシア エスクレンタ
			中生～晩生		
			早生～中生		
			晩生		
			中生		
親子兼用品種	親芋・分球芋	ほくほくタイプ	中生		
			中生		
親子兼用品種 芋茎用品種	親芋・分球芋 葉柄		中生	2倍体	
			中生		
芋茎用品種	葉柄	—	晩生		
子芋用品種 芋茎用品種	親芋・分球芋 葉柄	ほくほくタイプ	中生～晩生		
親芋用品種	親芋・分球芋		晩生		
			晩生		
芋茎専用	葉柄	—	—	2倍体	コロカシア ギガンタ

表2−1　日本で生産され

品種群	品種名	主な特性
石川早生	石川早生，石川早生丸，泉南中野早生，親責，早生一本，文久早生，愛知早生，味間芋，鶴の子芋	葉柄は緑で黒い襟かけがある。早生品種で早掘り栽培に適している。形状は丸い
土垂	土垂，伝燈寺芋，大野芋，小姫，白石在来，大和早生，相馬土垂，八名丸，善光寺芋	芋数が多く多収。耐寒性と耐乾性はやや強い。芋は長円形品種が多い。粘質で食味は良好
蓮葉芋	蓮葉芋，早生蓮葉，女早生，愛媛早生，静岡早生（八幡芋），彌市芋，豊後芋	芋数はやや少ないが，比較的丸く，大きい。葉身が蓮のように上を向く。乾燥に弱く，収穫が遅れると表面に亀裂が入りやすい。芽つぶれ症が出やすい。食味は粘性
えぐ芋	えぐ芋，紀州芋，関西土垂	耐寒性と耐乾性が強い。芋は小さいが，芋数は多く多収である。食味はやや粘質。品種によりえぐみを感じる場合もある
黒軸	ウーハン，二子芋，まるこ21	葉柄は黒い。芋の形状は比較的丸い。食味は粉質
赤芽	赤芽，大吉（セレベス）	寒さに弱い。水分が多く必要。芽が赤く，地上部の生育が旺盛。食味は粉質
しょうが芋	しょうが芋	芋がショウガのようなつき方をする
唐芋（エビイモ）	唐芋，エビイモ，真芋，山形田芋，からとり芋，女芋	芽は赤く，親芋，子芋，葉柄が食べられる。芋は粉質できめが細かい
八つ頭	八つ頭，白茎八つ頭	子芋が親芋と分かれずに，芋となる。子芋の葉は親芋のそれと同程度になる。食味は唐芋と同様に粉質で良食味
みがしき	みがしき	ランナーが発生し，芋はあまり肥大しない
溝芋（水芋）	溝芋，赤口，田芋（ターム）	寒さに弱い。湛水中でも栽培可能。沖縄などで栽培
びろうしん	びろうしん，赤びろうしん	特に寒さに弱い。温暖地のみ栽培可能。芋は粉質。赤紫の斑があり加熱すると紫色になるのが特徴。特有の香りがある
筍芋	筍芋（京芋），台湾芋	寒さに弱い。粉質で，親芋が細長いのが特徴
蓮芋	蓮芋	子芋は肥大しない。葉柄専用種

2　日本で生産される品種とその特徴

(1)　品種特性の見方

サトイモは、北海道を除く日本各地で栽培されているが、気象条件や食文化がそれぞれ異なるので、品種・栽培方法も地域によって異なってくる。こうした品種（資源）を有効に活用するためには、わが国で栽培されている品種を収集し、特性を調査して整理する必要がある。

飛高ら（一九五六年）は、国内の品種を、以下の項目について調査し、次のように分類している。各項目の内容は以下のとおりで、栽培を始めるときに参考にしていただきたい。

分類　品種群名・品種名と可食部位別分類（親芋専用・子芋専用・親子兼用、芋茎用）を記載。

早晩性　早生、中生、晩生別に記載。促成栽培と寒冷地での普通栽培には早生品種が利用されている。

耐寒性・耐乾性　強、中、弱別に記載。寒い地帯や高冷地では耐寒性の強い品種が、水が不足しがちなところでは耐乾性の強い品種が利用されていて、両者は連動しているようである。

葉柄色　緑、紫で記載。葉柄にアントシアンが発現（紫）する品種は芋茎も食べることができる。

芋の着生　密と疎で記載。芋が密に着生する品種は親子分離作業が面倒。

芋の形状と肉質　芋の形には丸系（球形と俵形）と長系があり、長い芋は商品性が劣るとされている。肉質には粉質のものと粘質のものがある。

収量性　総収量の多と少で記載。総収量と出荷収量は異なり、分球芋数の多い品種は出荷量が多いが、長芋の多い品種は出荷量が少ない。

生理障害と病害　芽つぶれ症、水晶症状、芋表面の亀裂などがある。品種によって発生しやすい場合（弱）としにくい場合（強）があり、病害虫罹病性についても強弱がある。

草姿　立性、開張性とその中間品種がある。開張性品種は葉の相互遮蔽が顕著なので栽植密度を下げる必要がある。

葉の形状　葉の形、大きさと色について記載。

葉柄頸部の屈曲　大、中、小があり、大は葉柄の相互遮蔽が大きい。

草丈（葉柄長）　正常に生育していれば、品種によりほぼ一定。生育の診断に有効で、大きい場合は養分（特に窒素成分）過剰が、小さい場合は、養分や水分の不足、乾燥害、病害虫による障害が原因。

展葉数　品種によりほぼ一定。生育の診断に有効。親芋からの葉数が少ない場合は、栽植密度、水分、栄養状態が不適当な可能性が高い。

(2) 主な品種と特性

石川早生（写真2—1）

分類　石川早生群で子芋専用種。丸系と長系があるが、長系は市場性が劣るので丸系を選ぶ。

早晩性　植え付け後四カ月程度で収穫できる早生品種。子芋の肥大に優れ、孫芋の着生が遅い極早生品種と孫芋の肥大が良好な早生品種がある。半促成やトンネル早熟栽培などには「泉南中野早生」（極早生品種）を、マルチ栽培や普通栽培には「石川早生丸」を用いることが多い。

耐寒性・耐乾性　中程度だが早期に収穫できるので、寒冷地、温暖地、暖地と幅広く栽培されている（作付面積が最も多い）。

葉柄色　緑。葉鞘ひだ部が黒く着色している（襟かけ）のが特徴。

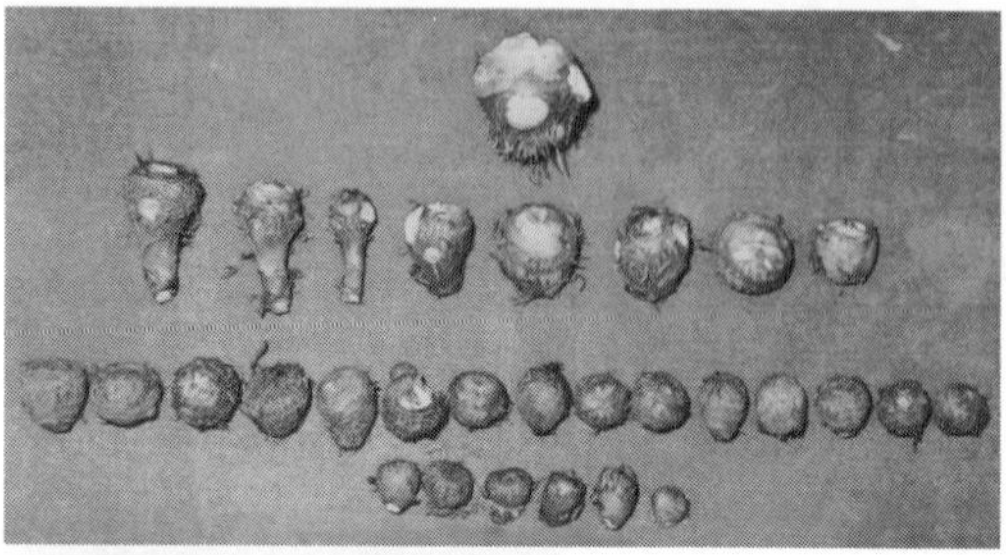

写真2−1　石川早生

以下すべて日本種苗協会昭和59年度種苗特性分類調査報告書による（写真2−1から2−6は農研機構・野菜茶業研究所の協力を得た）

芋の着生　分球芋は房状に着生し、親芋は小さく、子芋と孫芋の肥大が良い。
芋の形状と肉質　丸系と長系があり粘質。
収量性　孫芋まで十分に生育させると収量は多い。
生理障害と病害　水晶症状が特異的に発症しやすく、萎凋病に弱い。芽つぶれ症の発症は少ない。
汚斑病に弱い。
草姿　立性。
葉の形状　淡緑色で中程度の大きさ。
葉柄頸部の屈曲　中程度。
草丈（葉柄長）　一二〇〜一三〇㎝。
展葉数　総展葉数は一八〜二〇枚で、親芋からは常時六枚展葉している。

土垂《どだれ》（写真2―2）
分類　土垂品種群に属する子（孫）芋用品種。主要品種として「大和早生」「大野芋」があり、前者は北陸、近畿、中国地域で栽培されている早生丸系品種で、後者は福井県大野市周辺在来の中生丸系の品種。
早晩性　中生、晩生があり、経済栽培では「早生丸土垂」「中生丸土垂」「中生長土垂」に類する品種が多い。

耐寒性・耐寒性　環境への適応性があり、耐寒性や耐乾性が比較的優れるので、本品種群から分化した在来品種が比較的温度の低い東北地方や標高の高い地域に多い。

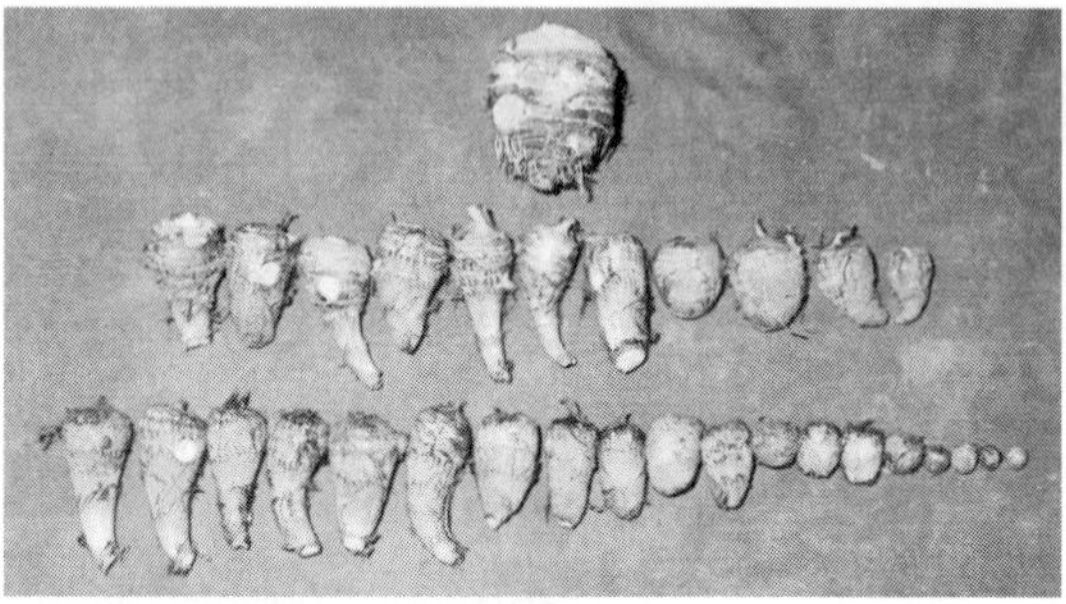

写真2−2　土垂

葉柄色　緑。

芋の着生　親芋に密生し、分球芋数が多い。

芋の形状と肉質　芋の形状は俵形で大玉、肉質はしっかりして、ぬめりが強い。本品種群の「大野芋」は、孫芋がやや小さめで丸く、肉質がしっかりしている。

収量性　分球芋数が多いので、収量は多い。

生理障害と病害　芽つぶれ症が発生しやすい。汚斑病に弱く、「大和早生」は萎凋病にやや弱い。

草姿　中間型。

葉の形状　緑。葉身、葉脈にアントシアンが発色。葉は石川早生より大きい。

葉柄頸部の屈曲　中～大（土垂という名は、葉柄頸部の曲がりが大きく、葉が地面に向かって垂れている形状に由来する）。しかし、「蓮葉芋」に近い形態の品種もある。

草丈（葉柄長）　一二〇～一三〇㎝。

展葉数　総展葉数は一七～一八枚程度で、親芋からは常時五枚程度展葉している。

蓮葉芋《はすばいも》

分類　蓮葉芋品種群に属する子芋専用種。主な品種として「女早生」「早生蓮葉」があり、前者は愛媛県のほか関東、中国など、後者は関東、九州などで早熟栽培に用いられている。

早晩性　早生。

耐寒性・耐乾性　弱い。

葉柄色　「土垂」と比べて葉柄が太い。

芋の着生　親芋に密生するが、ひ孫芋の発生数は少ない。

芋の形状と肉質　芋の形状は丸く、大玉である。えぐみは最も少ない。

収量性　芋総個数がやや少ない。

生理障害と病害　芽つぶれ症が発生しやすい。収穫が遅れると芋表面に縦に亀裂が入りやすい。

草姿　開張性。

葉の形状　葉および葉先が丸い。
葉柄頸部の屈曲　ない。名前は、葉身が蓮葉のように上を向くことによる。
草丈（葉柄長）　一二〇～一四〇㎝。
展葉数　親芋から四枚程度展葉。

えぐ（蘞）芋（写真2―3）

分類　えぐ芋品種群に属する子芋専用種。自然条件でも容易に開花する。
早晩性　晩生。
耐寒性・耐乾性　強い（最も低温で生育）。
葉柄色　緑。

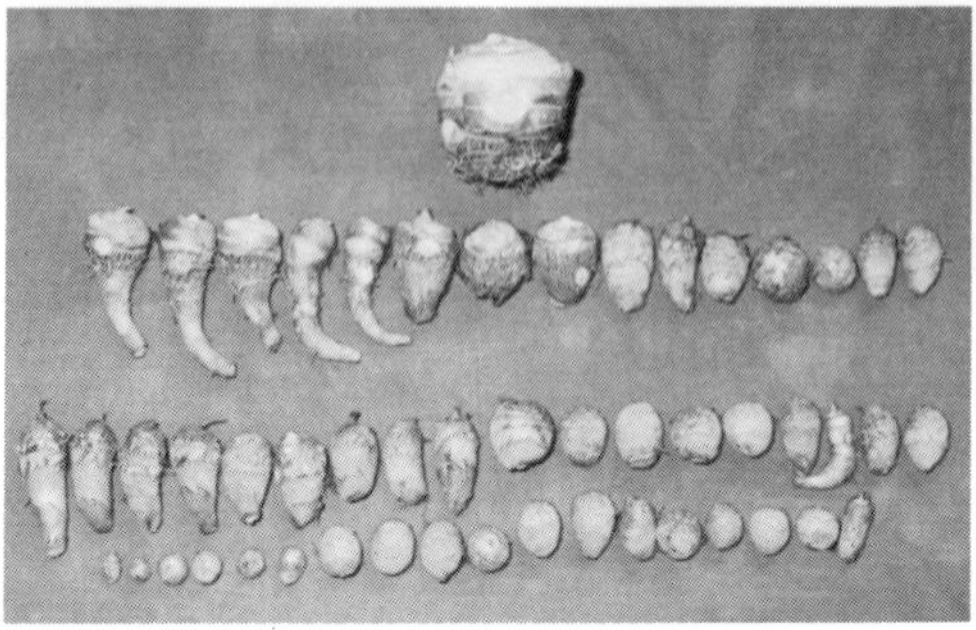

写真2－3　えぐ芋

芋の着生　芋数が多く、曾孫《ひ》芋も多数着生する。
芋の形状と肉質　分球芋はやや小さく、表面がなめらかである。収穫時期が早いと、えぐみを強く感じる場合があるが、その程度は栽培環境などによって異なる。
収量性　分球芋が多いので収量は多い。

生理障害と病害　芽つぶれ症の発生は少なく、病害にも強い。

草姿　開張性。

葉の形状　葉色は濃緑で、葉形は丸く、葉縁が波打つ。

葉柄頸部の屈曲　少ない。

草丈（葉柄長）　一二〇～一四〇cm程度。

展葉数　親芋から四枚程度展葉。

大吉《だいきち》

分類　赤芽品種群に属し、一九三五年にインドネシアのスラウェシ島から導入された。セレベス（写真２―４）の名称で流通することが多く、在来の「赤芽」とは区別される。親子兼用種。

早晩性　中生。

耐寒性・耐乾性　弱い。

葉柄色　葉柄の地色は濃いが、葉柄頸部

写真2－4　セレベス

から下二〇cm程度および芽は赤みを帯びる。芋茎として利用できない。

芋の着生　子芋はやや大型。

芋の形状と肉質　「赤芽」に比べて芋の形状が丸く、親芋、子芋の肥大が良い。食味はやや粉質。

生理障害と病害　芽つぶれ症の発生は中程度。

草姿　立性。

葉の形状　葉は濃緑色。

葉柄頸部の屈曲　ない。

草丈（葉柄長）　一二〇〜一三〇cm程度。

展葉数　親芋からの葉数は七〜八枚。

唐芋《からいも》

分類　唐芋品種群に属する親子兼用種。子芋をえび形に湾曲させて大きく肥大させるエビイモ栽培にも用いられる。アントシアンの発色が少ない「女芋」のほか、芋茎栽培に用いる「山形田芋」も唐芋品種群に含まれる。

早晩性　中生。

耐寒性・耐乾性　普通。

葉柄色　赤紫色で、芋茎としても利用する。芽の色は赤みを帯びる。葉柄の上部は外側に湾曲する。

芋の着生　芋茎栽培では、親芋が大きくなり、子芋の数は少ない。エビイモ栽培では、子芋が大きくなる。

芋の肉質　ぬめりがなく、粉質。

草姿　立性。

草丈（葉柄長）　一五〇cm以上。

葉数　芋茎栽培では四〜五枚。

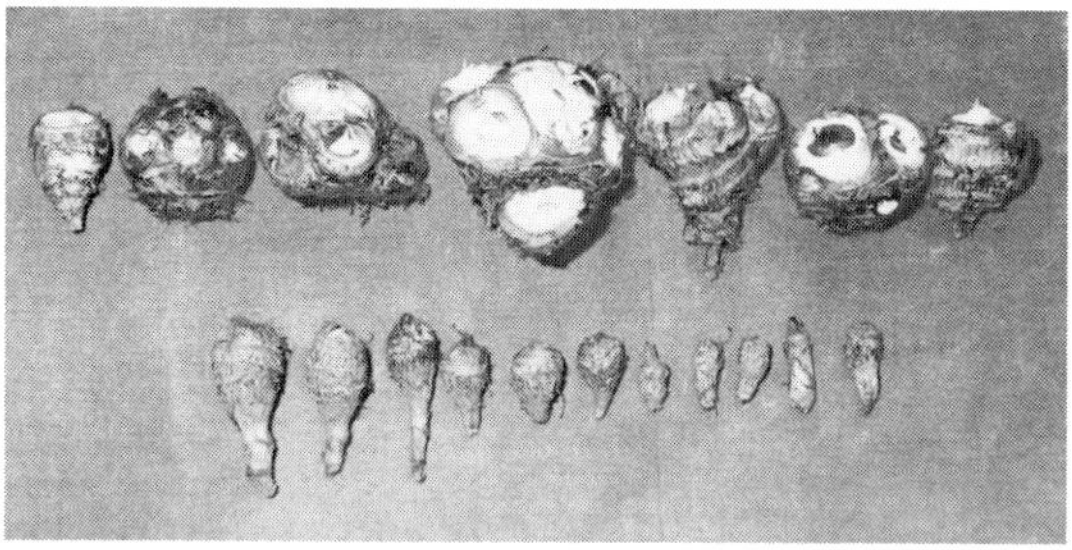

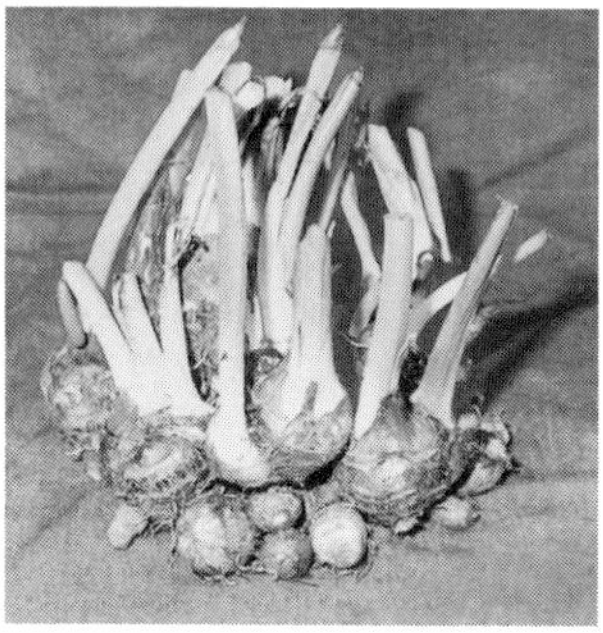

写真2−5　八つ頭

八《や》つ頭《がしら》（写真2—5）

分類　八つ頭品種群に属する親子兼用種。「唐芋」とは、相互に類似した変異個体が出現する場合があり、遺伝的に近い関係にある。

早晩性　中生。

耐寒性・耐乾性　普通。

葉柄色　赤紫色で芋茎としても利用。

芋の形状と着生　親芋と子芋は結合して塊状となり、その周囲に短えび形の孫芋を着生する。

芋の肉質　粉質でホクホクしている。

生理障害と病害　汚斑病に弱い。

草姿　地上部は叢生する。

葉の形状　葉は淡緑色で表面が少し波打つ（唐芋に似る）。

草丈（葉柄長）　一〇〇〜一一〇cm程度。

展葉数　結合した親芋、子芋から葉が出てくるので葉数は多く細い。

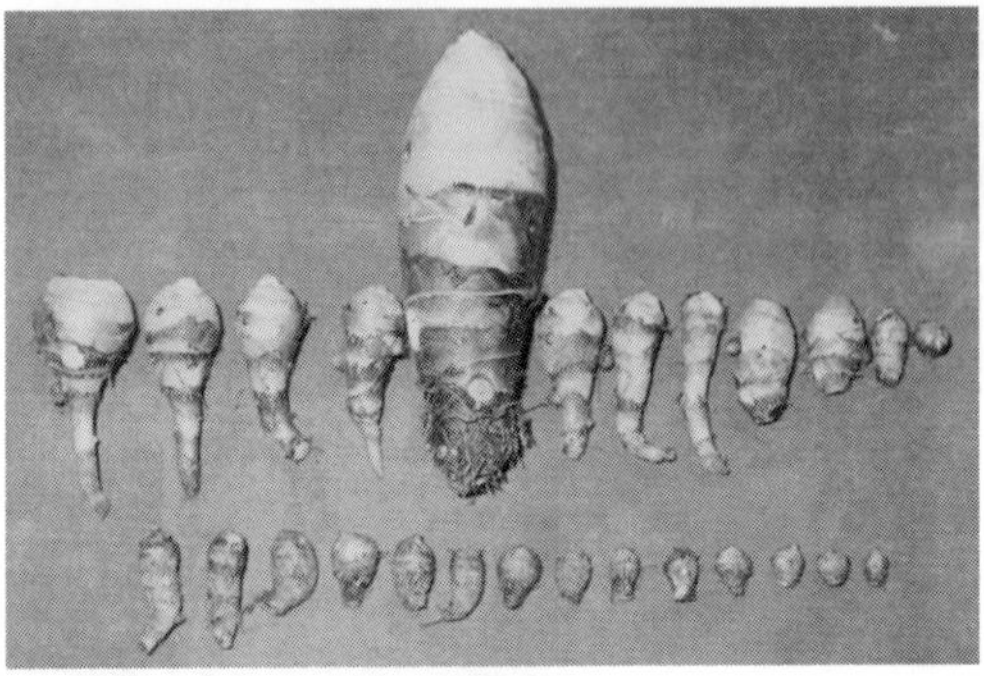

筍芋《たけのこいも》（写真2—6）

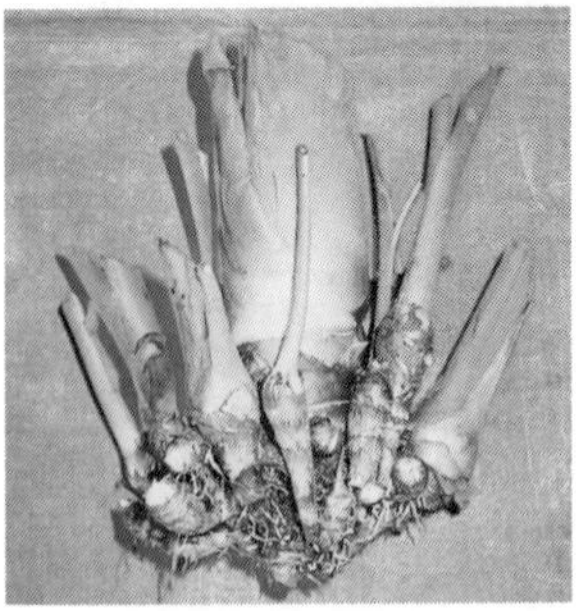

写真2−6　筍芋

分類　筍芋品種群として分類され、「台湾芋」とも呼ばれ、宮崎県では「京芋」として出荷されている。親芋が長く、生長して地上まで顔を出す。

早晩性　親芋用の晩生品種。

耐寒性・耐乾性　弱い。

葉柄色　緑。
芋の着生　親芋は節間が長く紡錘形となる。子芋と孫芋は数が少ない。
芋の形状と肉質　親芋と同様の長い形状である。粉質が強く、きめが細かくしっかりした肉質である。アクがあるので下茹でをしてアク抜きを十分にする必要がある。年明け後においしくなる。
草姿　中間型。
葉柄頸部の屈曲　中程度。
草丈（葉柄長）　一五〇cm程度。
葉数　四〜五枚。

(3) 各地に残されてきた地方品種

サトイモにはさまざまな種類（品種）があるが、八百屋やスーパーマーケットでは、すべて「里芋（サトイモ）」として販売されている。しかし、各地域にはそれぞれの環境に適した、特定の品種がある。ここでは、その一部を紹介する。

泉南中野早生《せんなんなかのわせ》（大阪府）

大正期に大阪府河内地域の「石川早生」の種芋を泉南地区で栽培したことに始まるとされ、

一九八五（昭和六十）年に、大阪泉南地区の中野良治により優良な形質を持つ品種が選抜され、「泉南中野早生」として一九八七年に品種登録をうけた。今では泉南地区以外でも広く栽培されている。

味間《あじま》芋（奈良県）

昭和初期（六〜八年）に奈良県農業試験場（現農業総合センター）で優良と認められた「石川早生」群のなかの品種。現在まで長年にわたり奈良県田原本町味間で栽培、維持されている。松下幸之助が「これは美味い、これを食べるとほかの芋は食べられない」と絶賛したという逸話が残っている。

鶴《つる》の子《こ》芋（熊本県）

「石川早生」の長系統の在来種とされ、数百年前に、肥後国地方領主、阿蘇大宮司侯が諸処巡察の折に、地元住民が手づくりの芋の串焼きを献じ、大変喜ばれたのが栽培の始まりともいわれている。現在も田楽用芋として利用され、粘質で煮ても形がくずれない。十月に霜に遭ってから収穫し、畑に掘った穴に埋め、三月に掘り出して契約してある田楽屋に出荷し、残ったものを自家用として利用している。

伝燈寺芋《でんどうじいも》（石川県）

約二百〜三百年前に、関西から来た伝燈寺（韓国）の僧侶が広めたのが栽培の始まりとされる。生産者によると、通常のサトイモと比べてきめが細かくねっとりとした食感で、甘みも強いが、収量は比較的少ない。

石川県金沢市の伝燈寺地区をはじめ、白山市、津幡町の農家が「特産化に向けて、武器となる魅力を探りたい」と意気込んでいる。

大野芋（福井県）

福井県大野地方の特産で、六〇ha程度栽培され、戦国時代からつくられているともいわれているが、その来歴ははっきりしていない。福井県が総力を挙げて産地化を援助してきた。現在は福井県だけでなく、近隣県でも上庄里芋として人気がある。土垂の品種である。

八名丸《やなまる》（愛知県）

愛知県新城市を流れる豊川流域で栽培が盛ん。一鍬田《ひとくわた》地区（旧八名郡八名村）が発祥といわれ、地名とその特徴的な丸さから「八名丸」と命名されたとある。新城市では、特産品としてブランド化を進めていて、二〇〇二年には愛知県の伝統野菜にも認定され、「八名丸くん」として商標登録されている。九月初旬から出回る早掘り芋と十月から出回る普通掘りのものがあり、早掘り芋は水分が多くみずみずしさがあり、普通掘りは実がしっかり詰まってもっちりした食感が楽しめる。土垂の品種である。

善光寺芋《ぜんこうじいも》（栃木県）

現在は、栃木県の一部でまとまって栽培されている土垂群の品種で、サトイモ本来の味が凝縮した芋とされている。環境への適応性が広く、収穫時期も広いので栽培しやすい中晩生品種。寒さや乾燥に強く、東北地方でも栽培できる。

八幡芋《やはたいも》（山梨県）

甲府盆地の底部にある河川の伏流水が田畑に染み渡る八幡地区で栽培されていて、現在も地域の特産品になっている。生産量が少ないため、東京都内の一流料亭などに流通しているだけである。八幡芋の名称は、指定商品「甲斐市西八幡地区産のさといも」として二〇〇七年に商標登録されている。蓮葉芋群である。

二子芋《ふたご》（岩手県）

岩手県北上市の二子町で収穫されている黒軸群のサトイモで、三百年前から品種改良などもせずに、この地区で栽培されてきたとされている。北上川と和賀川との合流地域（土地が肥沃）で栽培された芋は甘くてとろけるような柔らかさで、地元では芋煮会になくてはならない食材である。最高級品は一〇kg当たり七〇〇〇円程だが、小さいものはもっと安い。

以上は一例で、このほかにも、河川流域で比較的肥沃な地域には在来品種が多く残っている。こうしたことが明らかになってきたのは、伝統野菜が遺伝資源として、そして地域おこしの一環として注目を浴びるようになってきたことが大きく影響している。

これらすべての品種は、中国など外国からもたらされたものではなく、耐寒性の弱い品種が温暖な地域に、耐寒性の強い品種が温度の低い地域に定着し、その後、地域の気象、土壌、水の条件と食べ方に合ったものが時間をかけて選ばれ（選抜）、現在の地方品種になったと考えられる。

(4)　最近の育成品種と特性

①変わってきたサトイモの育種法

植物は通常、環境の変化に対応するため、ほかの個体との交雑によって環境に適した優良な個体を残そうとする。サトイモは種ができないので、自ら変化（変異）し、環境に適した個体を残そうとする。しかし、変異の方向は、栽培者にとって必ずしも良いものばかりではないため、放置していると品質が劣化してきて、収量も減少してくる。最近になって、こうしたことを踏まえて数多くの品種が育成されるようになった。

最近の品種育成の方法は、地方に古くから栽培されている在来品種を用い、突然変異を誘導させるなどの方法で、芋の味と形状が良く、収量の多いものを選び、それから何回も栽培して形質を安定させた上で、品種としたものである。なお、こうして選んだ優良な品種であっても、変異が起きる可能性があるので、その品質を維持していく努力が求められる。

②最近登録された新品種

愛媛県で育成された「媛かぐや」は、ここで紹介する品種のなかで、唯一交配して、種からつくった品種。両親はともに二倍体の「筍芋（京芋）♀」と「唐芋（エビイモ）♂」で、ジベレリン処理により花を咲かせ、交配してできたもの。芋の形は「筍芋」のように長く、芋茎も唐芋のように赤くて、食べられる（二〇〇八年に品種登録）。

また、「愛媛農試Ｖ２号」は、県内産の「女早生」の組織培養株から芋の形状が丸く、粘りが強く、食味が良好で、収量性の高い品種を選別したものである（二〇〇八年に愛媛農試Ｖ２号として品種登録）。

「京都えびいも1号」は、京都在来のエビイモ（唐芋）のなかから、多収で、肥大が良いものを選別したもの（二〇〇七年に品種登録）。

「沖田香《おきたか》」は、水田で栽培される親芋用種である「田芋」から選抜し、沖縄県内の白茎系在来種の変異体から優良系を選抜したもので、親芋が大きく、収量性に優れる。

「神農総研1号」は、神奈川県内産の「みのかぶり（土垂群）」を親として育成され、子芋、孫芋が大きく、着生数の多い系統が選抜されている（一九八八年に選別完了）。

「ちば丸」は、千葉県産「土垂」の種芋に突然変異処理（軟Ｘ線を照射）を行ない、高品質・多収系品種を選抜した品種。芋の形状は「土垂」よりも丸く、上物収量も多い。肉質はきめが細かく、煮くずれしにくい（二〇〇七年に品種登録）。

佐賀県の「福頭《ふくがしら》」は、一九八三年に「八つ頭」を変異誘発物質で処理し、得られた個体から、芋形が丸系で食味の良好な品種を選抜（一九九二年に品種登録）。「八つ頭」と同様に親芋専用種で丸系の親芋。

ただし、これら各県で育成し登録された品種は現在、その県外での栽培はできない。

第3章　作物としての特徴と栽培のポイント

1　作物としての特徴

野菜の生産技術は、生産者が作物に対してさまざまな働きかけをし、作物がそれに応える形で進化してきた。作物は、生産者の働きかけの適・不適を生育の良否で応える（形態が変化）。こうしたサトイモの反応を理解するために、生育ステージごとの形態の変化を理解しておきたい。

(1)　サトイモは茎が肥大したもの

サトイモは塊茎にデンプンが集積して肥大したもので、植え付けた種芋の頂芽が伸長してその基部が親芋になり、親芋の表面に子芋が、また子芋の表面に孫芋が、孫芋の表面に曾孫芋が着生し肥大する。

子芋の着生節位は、親芋の中央より下部で、「大吉」は下から二～四節、「石川早生」は三～九節、「ウーハン」「唐芋《からいも》」「蓮葉芋《はすばいも》」は四〜六節。

なお、親芋には二〇以上の節に一つの葉腋があり、一葉腋に一芽を持ち、芽の位置は五分の二の旋回性を示す。右回りか左回りかは、同一品種でも、親芋、子芋、孫芋の間でも一定ではない。

(2) 葉が展開して大株になる

萌芽後、「石川早生」で六枚目、そのほか土垂群などで五枚目の葉が展開するまでは、地上部は急激に大きくなり、通常はすべての葉が枯れることなく残っている（図3―1）。そのため、子芋肥大開始前までは、葉で生産された炭水化物の大半は新しい葉に利用され、葉数を増加させ葉面積を拡大させるので、炭水化物の生産量もしだいに増加してくる。五〜六枚展開した段階で、葉で生産され

図3−1　子芋肥大開始期（5〜6葉期）のサトイモ地上部の形態

萌芽後, 石川早生で6枚目, そのほか土垂群などで5枚目の葉が展開するまでは, 地上部は急激に大きくなり, 通常はすべての葉が枯れることなく残っているこのころから, 子芋が肥大を開始する

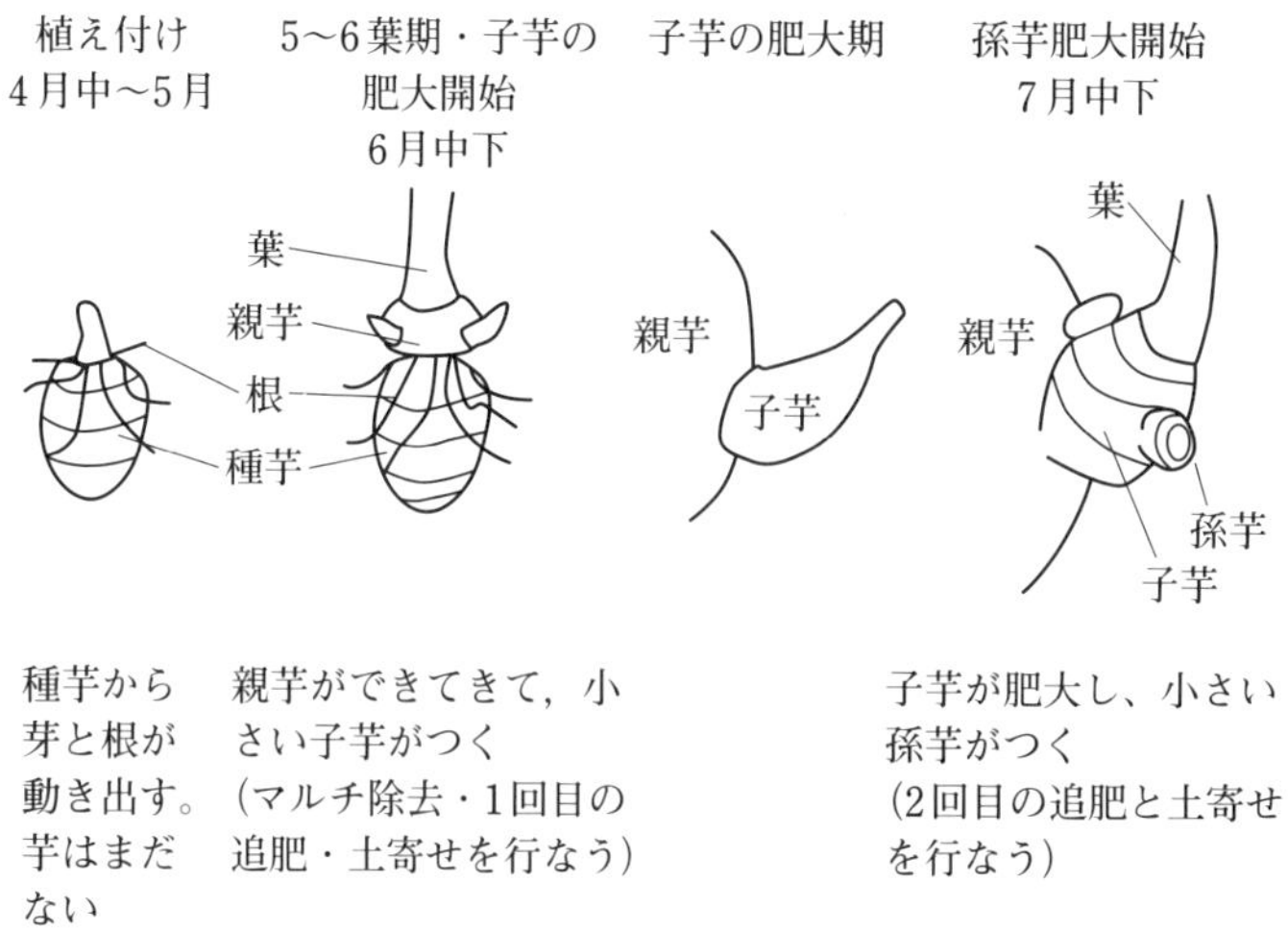
植え付け
4月中～5月
5～6葉期・子芋の
肥大開始
6月中下
子芋の肥大期
孫芋肥大開始
7月中下
葉
親芋
根
種芋
親芋
子芋
葉
親芋
孫芋
子芋
種芋から
芽と根が
動き出す。
芋はまだ
ない
親芋ができてきて，小
さい子芋がつく
（マルチ除去・1回目の
追肥・土寄せを行なう）
子芋が肥大し、小さい
孫芋がつく
（2回目の追肥と土寄せ
を行なう）

図3－2　出芽から孫芋肥大開始期までのサトイモ地下部の形態

た炭水化物は、一部は新しい葉をつくるために利用されるが、その大半は、子芋を肥大させるために利用される（子芋肥大期　図3―2）。

五～六枚目が展開してほぼ一カ月を過ぎると、葉柄長は一一〇～一二〇cm程度で、新しい葉が展開すると古い葉が枯れるため、葉は常に四枚程度展開していて、地上部の大きさは最大（一定）になる（適温期はこの状態が続く）。この時期に葉で生産された炭水化物のほとんどは孫芋の肥大に使われる（孫芋肥大期　図3―3、図3―4）。

以上のように、五～六枚目の葉が展開する時期で葉の大きさがほぼ決まり、その一カ月後に大きさが最大になり、炭水化物生産能力も決まる。つまり、この時期までに葉が十分に大きくならないと、子芋と孫芋の収量も劣ることにな

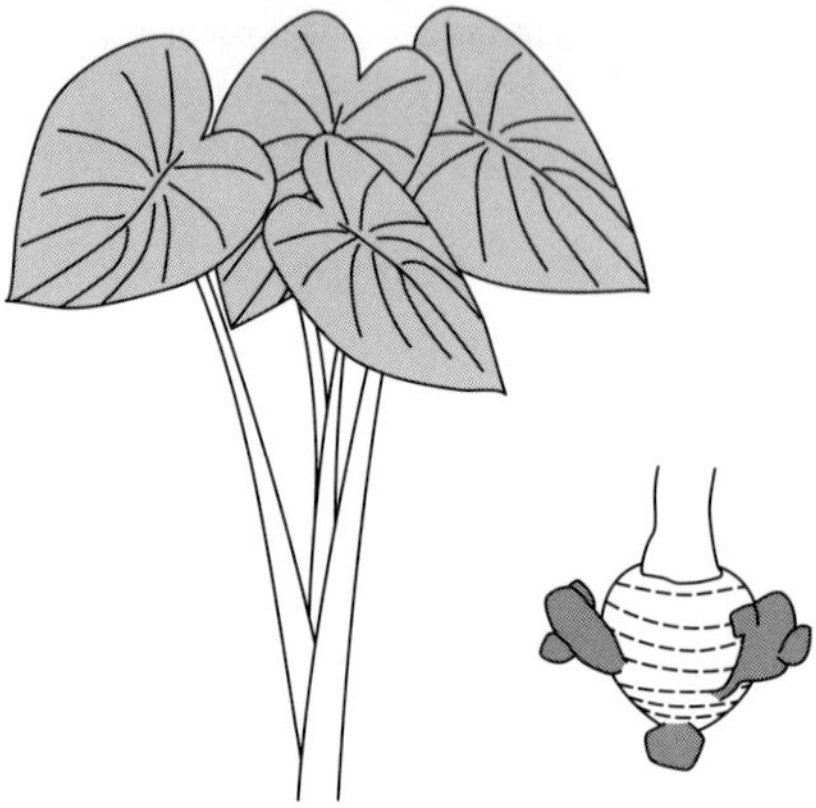

図3－1のほぼ1カ月後。葉柄長は110～120cm程度で，新しい葉が展開すると古い葉が枯れるため，葉は常に4枚程展開している。このころから孫芋が肥大を開始する

図3－3　孫芋肥大開始期のサトイモ地上部の形態

孫芋肥大期・充実期

収穫期
10月上旬

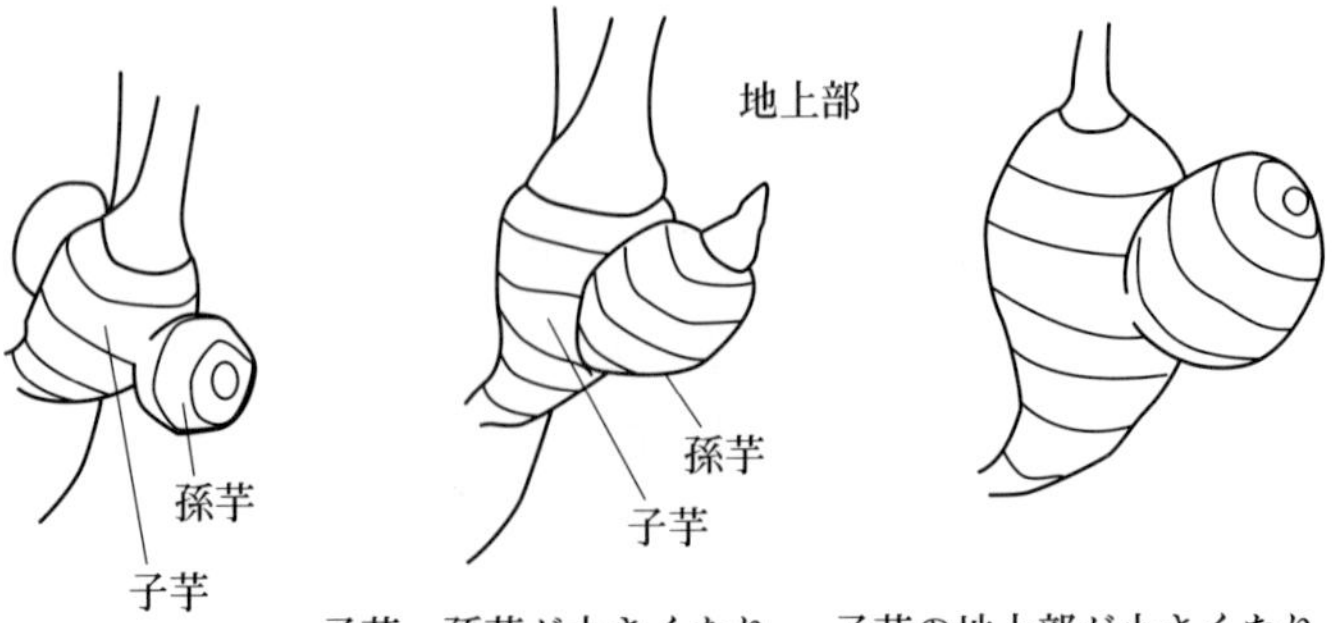

子芋・孫芋が大きくなり，中身も充実してくる

子芋の地上部が小さくなり，芋の先端が丸くなる

図3－4　孫芋肥大期以降のサトイモ地下部の形態

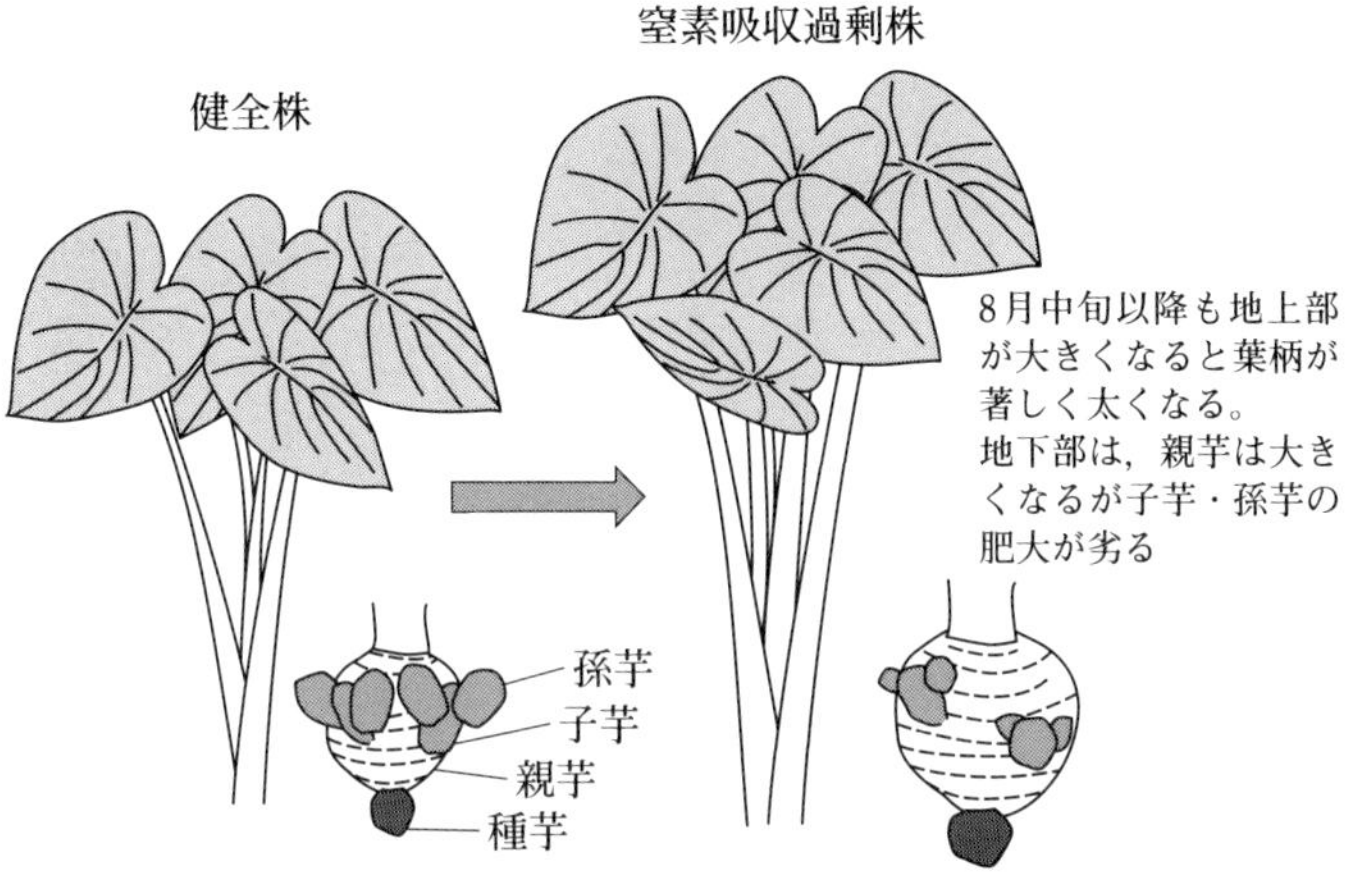
窒素吸収過剰株
健全株
8月中旬以降も地上部が大きくなると葉柄が著しく太くなる。
地下部は，親芋は大きくなるが子芋・孫芋の肥大が劣る
孫芋
子芋
親芋
種芋

図3−5　窒素過多による地上部と地下部生育の変化

る。そのため、子芋肥大開始までに地上部を十分に大きくしておくことが大切である。

さらに、子芋肥大開始期以降も、水管理の失敗や病害虫の発生で受光態勢が悪くなると、その後に展開する葉の葉柄が短くなり、葉面積も小さくなるので、当然収量が減少してくる。葉面積が減少しないよう、適正な水管理と病害虫防除を行ないたい。

一方、孫芋肥大開始期以降に株が大きくなることはないが、窒素過多などの理由によって生育相の転換がうまくいかなかったときには、八月中旬以降も葉柄が長く、太くなり、葉身の面積もさらに大きくなる（図3—5）。この場合、親芋だけが大きくなり子芋、孫芋の着生数と肥大が抑制されるので、後半の窒素追肥に十分注意を払う。

(3) 養分のほとんどは親芋から出た葉でつくられる

子・孫芋に蓄積される炭水化物のほとんどは、親芋から出ている葉で生産される。したがって、生育盛期には、葉は常時四〜五枚程度確保し、葉の相互遮蔽が起きないよう、一株当たりの占有面積を大きくする必要がある。

「大和早生」（土垂群）を用いて、栽植密度と収量と品質を調査した結果（表3—1）では、慣行の三三三〇株／一〇aを基準に、二条植えで、栽植密度を上げると収量は減少し、芋は小型化した。また、一条植えでは、二条植えと比べて収量が多くなり、二三八〇株／一〇aでも収量は変わらず、大きく丸い芋の割合が増加した。つまり、受光態勢を良くする（葉の相互遮蔽を少なくする）ことが高品質・多収をねらう上で重要といえる。

表3−1　栽植密度と葉面積と収量の関係

（富山農技セ，1997）

条数	株間 (cm)	栽植密度 (株/10a)	葉面積指数 (LAI)	収量 (t/10a)
1	25	3,330	1.6	2.55
	30	2,780	1.89	2.31
	35	2,380	1.58	2.36
	40	2,080	1.36	1.93
2	35	3,810	1.73	2.02
	40	3,330	1.6	2.24
	45	2,960	1.5	1.98
	50	2,670	1.34	1.85

2　各ステージの生育と特徴

(1)　生育初期――依存栄養から独立栄養へ

生育適温は二五～三〇℃

サトイモの生育適温は二五～三〇℃で、日本の気象条件では適温の期間は七～九月と比較的短い（地域によって多少異なる）。収穫を多くするためには、この間の光合成を十分に活かして初期生育を促進し、適温になるまでに地上部を大きく（「第2章　2　(2)　主な品種と特性」の各品種の草丈と展葉数に近づける。展葉数四～五枚程度）しておきたい。

種芋の栄養分に依存する初期生育――種芋の大きさと質に左右される

サトイモは、栄養分を種芋だけに依存して四～五葉期まで生育する。出芽速度は、種芋重が五〇g程度まで大きいほど早いが、それ以上では差異は出てこない。しかし、大きさが同じでも出芽速度に差があるので、出芽の遅い株はその後の生育も遅れ、周囲の葉に遮蔽されて光合成が抑制される。そのため、初期生育はただ早いだけでなく、均一である必要がある。

均一な生育を確保するための種芋の条件は以下のとおり。

①充実した種芋を用いる：芋によって充実度が異なるので、充実した孫芋を用いる。
②乾燥した種芋は用いない：乾燥の程度によって発芽が遅延する。表面に傷のある芋は乾きやすい。
③罹病芋は用いない：腐敗芋が付着した株、傷口が赤い芋、欠き口の多い芋は用いない。
④生理障害芋は用いない：水晶症状の発生した芋は、デンプン含量が少ない。また、ひび割れ芋は、その部分に病原菌が付着している可能性が高いだけでなく、その部分から水分が消失しやすい。芽つぶれ症が発生した芋は、萌芽の早い頂芽がつぶれ、遅い下位節の側芽が伸長するので出芽に時間がかかる。

いよいよ独立して生育

初期生育は種芋の大きさや質に大きく影響される（依存栄養）が、根が伸びて肥料を吸収し、葉身が展開して光合成ができるようになると、種芋の大小にかかわらず、正常に生育できるようになる（独立栄養）。したがって、種芋依存の生長から、できるだけ早い段階で独立栄養生長に変換したほうが、生育が早く、しかも個体間の生育差異が小さくなる。なお、速効性窒素肥料を吸収しやすい位置（濃度障害が起きない程度）に施用する（活着肥）と、発根が促進され、葉身が早期に展開するので、種芋が小さくても正常に生育してくれる。

定植時の種芋の形

芋の先端には頂芽が、各葉柄の合わせ目基部に側芽一つが、側芽周辺には多数の伏芽ができるが、

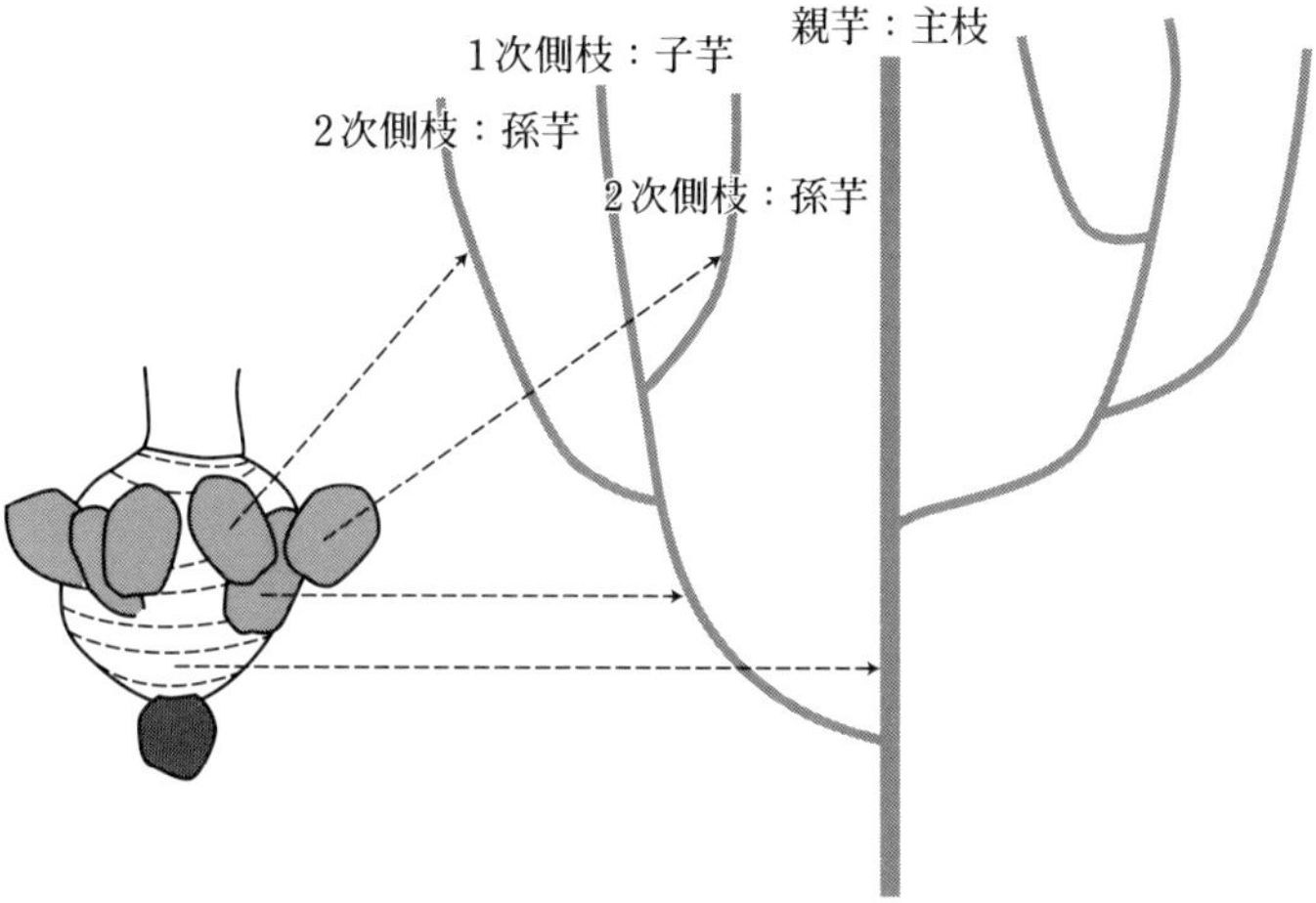

図3−6　サトイモを樹木の枝にたとえる

頂芽が最も大きく、伏芽は小さく、側芽は中間である。これは、芋の部分が茎であることを示すもので、頂芽は主枝に、側芽は側枝に相当し、伏芽は、しいて言うなら樹木の予備の側枝にあたる。樹木では伸長している側枝が障害を受けてなくなったとき、主枝から伏芽が伸長し新しい側枝になる場合がある（図3―6）。

サトイモの場合、通常は最も大きい頂芽が伸長し、頂芽が損傷を受けたときに側芽が伸長してくるが、伏芽が伸長することはない（頂芽優勢）。しかし、芋を細かく分割すれば、すべての芋片の最も大きな芽が伸長してくる。こうした形態的特徴を活かしたのが分割育苗法（第５章）で、芽の種類にかかわらず大きな芽が伸長し、その後正常に生育する。

出芽期

種芋は、通常一〇cm程度の深さの穴もしくは植え溝に並べ、覆土するとやがて出芽してくる。植え付け位置を二〇cm程度の深植えにすると、芽の部分の地温が低いことから出芽が遅れるだけでなく、親芋も長くなる。

サトイモは葉（葉柄＋葉身）が展開するごとに茎（親芋）も長くなり、茎は最終的に地表面近くまで伸長する。つまり、親芋の長さは最終的に地表面から種芋頂部の距離で決まる。したがって、親芋は、深植えするほど長くなり、浅植えにすると扁平になる。子芋も、親芋の下節位から出現し、頂部では葉が展開するので、深植えほど長くなり、浅植えにすると扁平になってしまう。

(2) 茎葉生長期――芋が肥大して充実してくる

この期に親、子、孫芋それぞれが肥大してくる。

親芋肥大期

葉で合成された養分は、出芽～本葉六枚目展開（六葉期）までは、ほとんどが次に展開する葉のために利用され、四葉期までは縦伸長が盛んで、五～六葉期は重量の増加が顕著になってくる。光合成産物の一部は葉柄の基部（親芋）にデンプンの形で蓄積するが、伸びた葉のすべてが残って、親芋の上を覆っているため、外からはほとんど確認できない。

覆土の量と時期が適切だと子芋の地上部の生育が抑制され，速やかに孫芋の肥大が誘導される

覆土が少なかったり，時期が遅れると，子芋の地上部が伸長し，地下部も肥大を継続することから，孫芋の着生が遅れる

図3−7　覆土量と覆土時期が芋の形に及ぼす影響

子芋肥大期（六葉期）

六葉期に四〜七節目（品種により若干異なる）の腋芽が伸長して子芋の芽になる。その時期に、子芋の肥大環境を整えてやると（覆土および養分供給）、子芋が肥大してくる。

覆土の多少が芋の形状に及ぼす影響は先に述べたとおりで、通常は子芋の地上部の生育が抑制され、速やかに孫芋の肥大が誘導されるが、覆土の時期が遅れたり、量が少なかったりすると、子芋の地上部が伸長し、地下部も肥大を継続するため孫芋の着生が遅れることになる（図3−7）。

孫芋肥大期

子芋が肥大を開始してから一カ月する

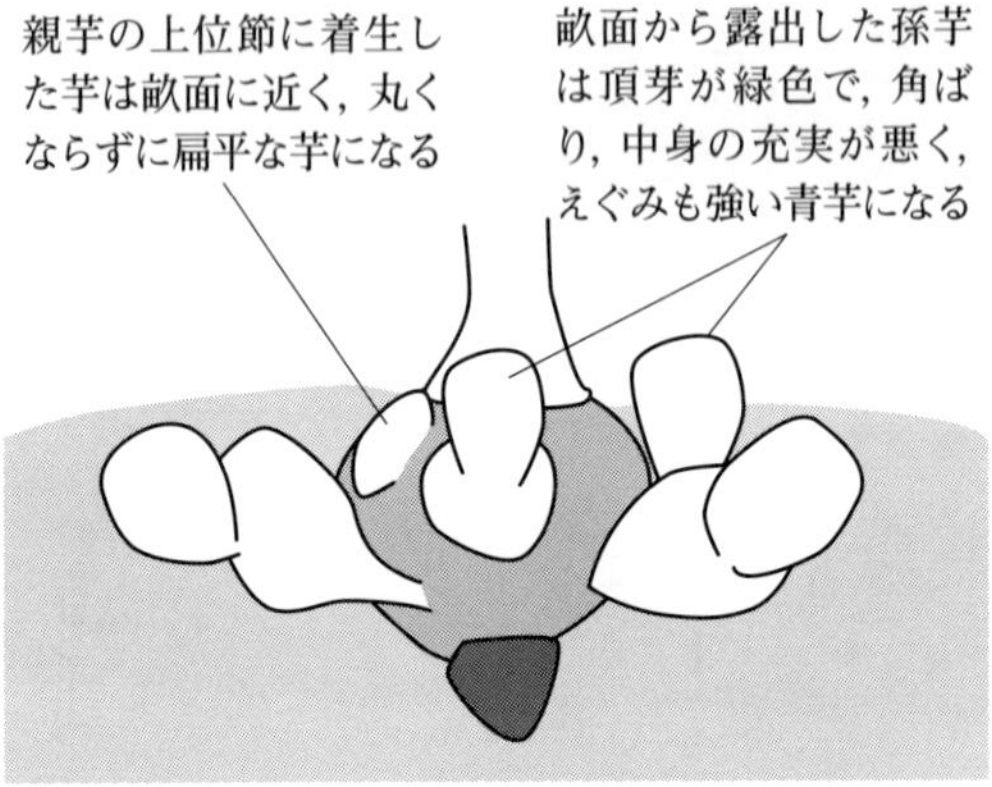

図3－8　扁平芋・青芋の発生位置と覆土の関係

と孫芋の肥大が始まり、この時期が二回目の覆土時期になる。孫芋の芽の位置は、子芋より地表面に近いところにあるので、覆土の量が不足すると、芋が扁平になり、地上部に露出した場合は青芋になる（図3―8）。青芋は、頂芽が緑色で、角ばり、中身の充実が悪く、えぐみも強いので、商品性はない。また、親芋の上位節に着生する子芋は、扁平芋になりやすい。

なお、この時期は、サトイモにとって温度条件、日射条件ともに適正で、地上部も十分に大きくなっている（葉柄長一一〇～一二〇cm、展葉数四～五枚程度）ので、水、肥料管理を適正に行なえば、光合成が促進されて収量も増える。

(3) 収穫期――地上部と地下部が枯れ込む

芋が十分に充実し、未熟な芋が着生していないことを確認してから収穫になる。芋の収穫は、通常は地上部が枯れ込む時期まで待つ。これは、地上部の養分が芋に転流すると同時に、根も枯れ込んで収穫作業がしやすくなるためである。

「石川早生」の早掘りでは、子芋が十分に肥大し、孫芋が肥大を開始する前に収穫する。普通露地栽培や種芋栽培では、孫芋を十分に肥大させて完熟させるが、未熟な曾孫芋が着生する前に収穫する。これは、曾孫芋を除去すると欠き口が増え、そのまま貯蔵すると曾孫芋が未熟なので低温による障害を受け、貯蔵中の腐敗を招きやすいためである。

3 栽培のポイント

(1) 輪作と土壌病虫害の回避、適切な施肥管理

サトイモは、古くは焼畑農業の一環として栽培され、雑穀、豆類・芋類（サトイモ）の順で栽培され、二〜三サイクルが終わると場所を変えていた。その後は、場所を変えてまた順番に栽培されていた。このことは、サトイモは古くから連作することがなかったことを示している。しかし、あえて連作した試験の結果では、回数を重ねるごとに地上部が小型化し、収量は、三年目で三〇％、四年目で四〇％減少した（表3―2）。

こうした結果を受けて、各地の栽培指針は原則的には三〜五年輪作で栽培することを推奨してい

上部と塊茎収量の推移　　　　（績ら，1995）

連作（kg/a）		
栽培作物	地上部重	塊茎収量
サトイモ	255.3（100）	214.0（100）
サトイモ	197.0（77）	198.0（93）
サトイモ	152.0（60）	149.3（70）
サトイモ	125.0（49）	128.0（60）
サトイモ	128.0（50）	125.0（59）

サトイモの年次別収量の推移　　　　（宮崎総農試，1984）

1976	1973	1974	1975	1976	センチュウ検出数
春	kg/a（%）				
サトイモ	196.9	150.8（77）	132.7（67）	121.1（62）	168
サトイモ	236.5	156.9（66）	128.8（54）	128.0（54）	21
サトイモ	229.3			167.4（73）	13
サトイモ	230			203.7（89）	0
サトイモ	233			262.4（113）	0
サトイモ	231.3			246.6（107）	0

る。しかし、サトイモ栽培が盛んな地域では、作付面積が全耕作地の二〇%以上に達するため、隔年栽培することが多くなり、収量の減少が大きな問題になっている。

連作障害の要因は、畑ではミナミネグサレセンチュウが、乾燥しやすい軽い土壌ではシロトビムシやミナミネグサレセンチュウが（表3—3）、水田転換畑では、乾腐病や軟腐病などの土壌病害の発生が主体。これらの病害虫には、各種薬

表3−2　輪作と連作によるサトイモの地

試験年次	輪作（kg/a）		
	栽培作物	地上部重	塊茎収量
1985	サトイモ→キュウリ	281.0（100）	244.2（100）
1986	サツマイモ→キュウリ		
1987	サトイモ→キュウリ	342.0（122）	195.0（80）
1988	サツマイモ→キュウリ		
1989	サトイモ	248.0（88）	187.0（77）

注）（　）内数字は％を示す

表3−3　作付体系の違いと

区＼年	1973		1974		1975	
	春	夏	春	夏	春	夏
1	サトイモ	ダイコン	サトイモ	ダイコン	サトイモ	ダイコン
2	サトイモ	休閑	サトイモ	休閑	サトイモ	休閑
3	サトイモ	イタライ	サツマイモ	イタライ	陸稲	イタライ
4	サトイモ	イタライ	サツマイモ	イタライ	サツマイモ	イタライ
5	サトイモ	ダイコン	サツマイモ	ダイコン	ゴボウ	ダイコン
6	サトイモ	ダイコン	ゴボウ	ダイコン	サツマイモ	ダイコン

注）（　）内は1973年（100％）との比較

剤や湛水処理が有効である（具体的な方法は第6章）。

なお、サトイモ栽培による「土壌養分消耗」が連作障害の原因であるとする意見もある。作物は、生育に必要な肥料成分を根から吸収するが、肥料の施用量が少ない場合、土壌に蓄えられた肥料成分を消費する。土壌養分消耗とはこのことをいうが、取り出し（吸収量に対し、取り込み（施用）量が少なければ不足が生ずるのは道理。過不足のない肥料と有機物の施用によって、土壌を健全に保っていきたい。

(2) 水の確保と排水対策が収量・品質を左右

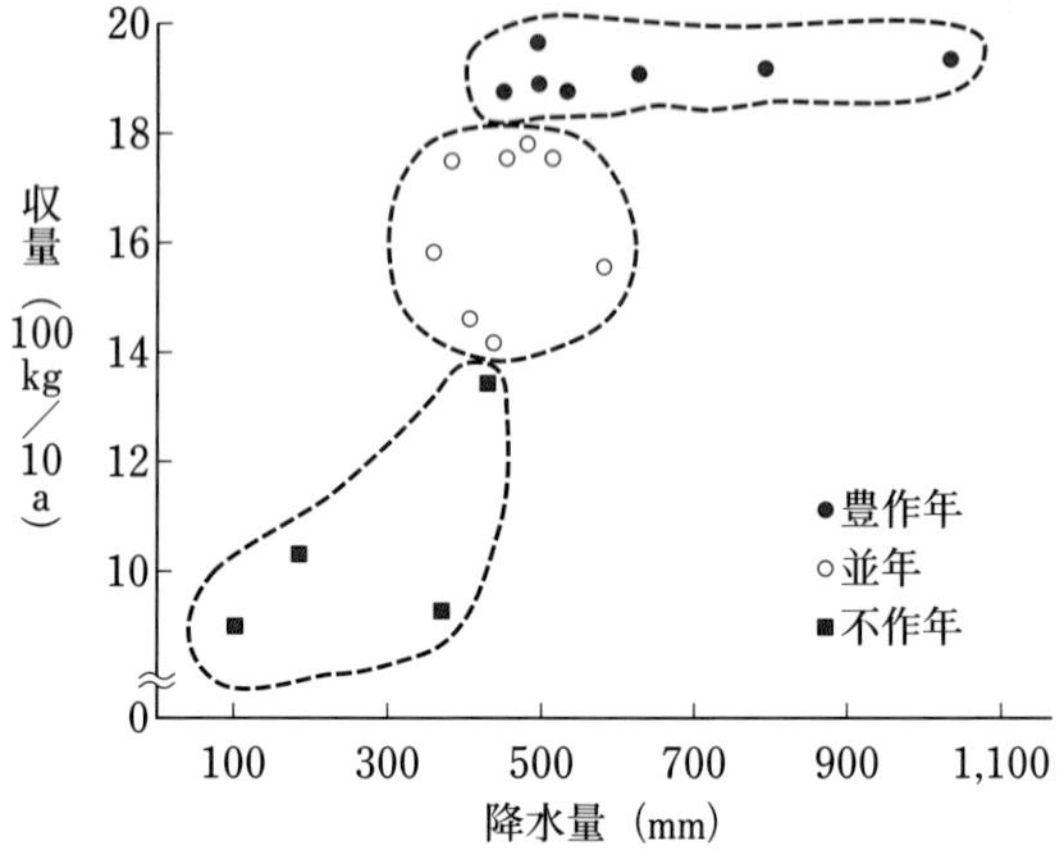

図3−9　8，9月の合計降水量とサトイモ収量の関係
（1963〜1982年，岐阜気象台）（前田，2009）

サトイモは、熱帯の大河川流域が生まれ故郷なので、水分要求量が多く、収量は八〜九月の降水量が多い年ほど多い傾向がある（図3—9）。また、サトイモは一時的であっても乾燥に弱く、水分が不足して葉が萎れると、その後水分を補給しても葉は元に戻らず、枯死してしまうという特徴がある。

水分要求量は、生育が旺盛になる五〜六葉期以降である七月中旬から九月にかけて特に多くなる。七月は梅雨で通常十分な降水量が期待できるが、梅雨明け後の八〜九月は高温・乾燥が続くのでこの間の降水量と収量の間に密接な関係が認められる（図3—9）。この期間は、高温・強日照

表3−4　灌水開始pF値と収量および品質

（宮崎総農試，1994）

項目	総収量			品質別収量					上芋平均重(g)
				丸形芋		長形芋			
	個数(個/a)	芋重(kg/a)	標比(%)	個数(個/a)	芋重(kg/a)	個数(個/a)	芋重(kg/a)	丸芋率(%)	
無灌水区	4732	139	100	4456	126	276	13	910	29
pF1.8区	9912	311	226	9660	301	259	10	969	31
pF2.0区	8280	276	199	7662	254	618	8	972	33
pF2.4区	7646	271	195	7379	257	267	13	951	35

注）通常，植物はpF＝3.0で萎れが始まりpF＝2.4で灌水を開始し，pF＝2.0で終了する。サトイモはそれよりも水分が必要

で葉と土壌からの蒸散量も増加するので、降雨が少ない場合は、こまめな灌水が必要である。

一方、湿害に対しては、サトイモはスポンジ状構造（通気孔）の葉柄を持っていて、地上部から地下部へ酸素を供給することができるので、比較的強いとされている。しかし、降水量が多く圃場に長時間滞水すると、土壌病害の発生を助長するので、額縁排水溝を掘って、表面排水を良好にする必要がある。

また、土壌水分が多いときに収穫した株は貯蔵中に病害が発生しやすいので、土壌が乾燥した日に収穫するのが原則である。

こうしたことから、サトイモの生育が最も盛んで、気温が高く、さらに降水量も少ない時期には定期的に灌水を行なう必要があるが、灌水を行なうタイミングはpF一・八ときわめて高い状態が適している（表3—4）。ちなみに普通の畑作物の灌水のタイミングは、pF二・〇程度である。このことは、

サトイモは、水の過不足による弊害がほかの作物より顕著に現われやすいことを示している。

(3) 優良な種芋を確保して維持する

①種芋は変異して劣化するもの

サトイモのほとんどの品種は三倍体（3n：染色体のセット数が奇数なので正常な減数分裂が起こらず配偶子ができない）なので種子は取れない。「唐芋」や「八つ頭」は二倍体品種だが、普通露地栽培で花が咲いたとの報告はない。そのため、交配育種ができず、日本で栽培されている品種のほとんどは中国から伝来した品種を各地域で栽培し、各地域の気象条件などに合ったものを選抜したものである（表2―1を参照）。

「石川早生」は、唯一わが国独自の品種群で、「土垂」の突然変異である。この品種についても、各地の栽培条件に合った系統が選抜され、極早生品種や芋の形の良い品種が育成されてきた。

選抜育種が可能ということは、裏を返せば、高い頻度で芋の形状や着生数などに変異が生じやすいということ（写真3―1）で、優良系統を維持するという努力（良い株を再生産のために残す）を怠ると、短期間で形状が悪化してくる（丸系の芋が少なくなり、長い芋が多くなる）。

②収量・品質の優れた株を毎年選抜して再生産に備える

優良種芋を確保するためには、優良な株を毎年選び、一般圃場とは別に種芋増殖圃場を設けて栽培することが重要である。

つまり、増殖圃場で栽培した芋を次年度の種芋にすることはもちろんだが、そのなかからさらに優良な株を厳選し、その後の種芋として増殖圃場に植え付ける。このように、優良株からさらに優良株を選ぶという作業を繰り返すことにより、地域の気象条件や栽培方法などに合った系統が確保できる。

各地域に残る伝統品種も、こうして長い年月をかけて選ばれてきたものと思われる。

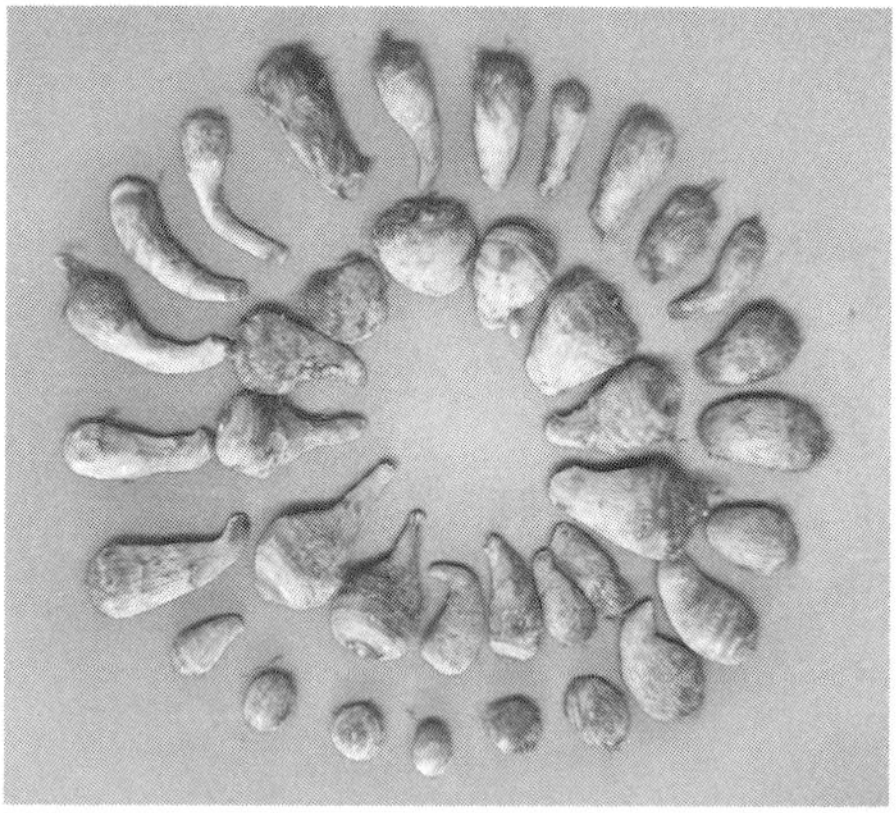

長系

丸系

写真3－1　種芋無選別圃場から得られた芋の形状が異なる石川早生

石川早生の長系と丸系。同じ種芋でもこの程度の違いがあるので丸系を選抜する優良株とは、芋の形状が丸系もしくは俵系で、多収系であると同時に、生理障害の発生が少なく、病害虫に汚染されていない株のことだが、地域・作型によって、肥大速度など選抜目標が異なる場合もあるので、それぞれの目標を明確にしたい。

なお、種芋用圃場の面積は、栽培規模と種芋の増殖率（ほぼ一〇倍）によって決まる。

(4) 確実に出芽させて初期生育を促進したい

サトイモの生育適温は二五～三〇℃（地温二二～二七℃）で、三五℃以上もしくは一五℃以下になると肥大が停滞するだけでなく、各種の障害が発生しやすくなる。

サトイモの生育期間は、「石川早生」の子芋生産（最も生育期間が短い）で四カ月程度、中晩生品種では六～七カ月である。サトイモの出芽後の温度は、平均気温が一五℃以上、最低気温が六℃以下にならない時期が最適。平均温度が確保できても、最低気温が低く、霜が降りるような時期は早すぎるといえる（生育が阻害される）。わが国は南北に比較的長いため、最低気温からみて、次のように区分できる。

北海道、青森、岩手、山形、秋田が寒冷地、沖縄が亜熱帯、九州、瀬戸内海に面した県、東海、関東の太平洋に面した県は暖地、そのほかの県は温暖地に区分される。

最低気温が一五℃程度になるのは暖地で五月上旬、温暖地で五月中下旬、寒冷地および高冷地で六月上旬である。また、十一月になると沖縄や九州の一部を除いて一〇℃以下になる。

普通露地栽培では六月上旬までに太い芽が一斉に出揃う必要があり、六月中下旬と遅れると、生育期間が短くなり、収量が減少する。そのため、寒冷地や温暖地の比較的気温の低い地方では古くから、催芽処理を行ない、四月下旬〜五月上旬に植え付け、六月上旬に出芽させていた。しかし、最近では黒マルチを被覆して栽培する方法が一般的になり、催芽処理は行なわれなくなった。黒マルチを被覆することにより、無マルチよりも二週間程度出芽が早くなり、揃いも良くなるためである。

(5) 適正な施肥で品質を維持

適正な施肥管理をするためには、サトイモの生育や芋の肥大特性を理解し、目的とする収穫物が親芋なのか、子芋なのか、孫芋なのかを明確にする必要がある。その目的に対応するための施肥の考え方は次のとおりである。

①基肥：親芋をスムーズに肥大させる。

②中期追肥（一回目追肥）：子芋を肥大させるために、中庸な草勢を保ち八月から九月にかけて生育がピークになるようにする。

③後半追肥（二回目追肥）：孫芋を肥大させるために、地上部生長から生育相を転換させ、芋の肥大を促進させる。

しかし、施肥量が多すぎると、次のような芋になってしまう。

①生育中期の窒素過剰：子芋の地上部生育が旺盛になり、孫芋の肥大が遅れる。

②生育後半の窒素過剰：分球が進んで孫芋のまわりに曾孫芋が着生する。曾孫芋は出荷時に除去するので、孫芋表面に欠き口が多くなり市場評価を下げることになる。窒素過剰になると、地上部が大きくなり子芋と孫芋の肥大が抑制される（生長の転換が阻害されるため）。

③生育後半のカリ過剰：芋表面の亀裂の発生と石灰や苦土の吸収が阻害され、欠乏症（芽つぶれ症）の発生が助長される。

④全期間を通じての窒素過剰：すべての芋が長くなる傾向がある。

(6) マルチ被覆で生育促進と作業の省力化

サトイモ栽培では、親、子、孫芋のそれぞれを肥大させるための施肥と覆土が行なわれるが、労力がかかることと天候によっては適期に作業できないこと、断根により土壌病害の発生が助長されることが問題だった。しかし現在、マルチを上手に使うことで、施肥、覆土を省略しても収量・品質の劣らないサトイモ栽培法が確立されている。

手作業（無マルチ栽培）では、親芋のスムーズな肥大と六葉展開期から子芋の肥大のために次のような作業を行なっている。

①春先の気温が低い地域では、仮溝を掘り、ワラや堆肥、石灰、肥料を施用し、仮畝の両肩に種芋を浅植えする。浅植えにすると、春の地温が上昇しやすい（ここで仮溝、仮畝としたのは、最終的には溝や畝肩ではなく畝の中心部分になるためである）。

②三葉程度展開したころに、仮溝と仮溝の真ん中に管理機で本溝を掘り、株元に覆土する。このときの覆土量は、種芋上部からほぼ一〇cm程度とし、地温が上昇しやすいようにする。この作業は、親芋をスムーズに肥大させ、子芋着生部位を確保すると同時に、除草も兼ねている。

③六葉展開期から子芋を肥大させるために、追肥を行なった後に一回目の土寄せ（五cm程度）を行なう。この作業は、地上部・地下部ともに生育が旺盛になる直前での肥料供給と親芋肥大範囲を確保するためのもので、耕耘による除草効果も期待できる。

④孫芋を肥大させる（肥大範囲確保）ために、二回目の追肥のときに覆土（五cm程度）を行なう。

なお、こういった作業が不要になり、手作業で行なっている浅植えの代わりに地温を上昇させることもできるので出芽と初期生育を促進することができ、雑草防除も不要になる方法がある。いわゆる「マルチ無培土栽培」である。

マルチ無培土栽培（詳しくは「第5章　4　マルチ無培土栽培」を参照）は、圃場の準備、植え付け方法と出芽時の芽の誘導などの作業は、マルチ被覆による省力的作業体系と同じだが、最初の覆土量は一五cm程度と多く、マルチ資材は最後まで除去しない。二回の覆土分はすべて最初に確保しているので、覆土作業による断根は回避できる。また、肥料分が不足した場合は、溝に速効性肥料を追肥するか、緩効性肥料を利用することで補うことができる。マルチを除去しないため、省力的であるばかりでなく土壌からの水分の蒸散や肥料の流亡が抑制され（定期的な灌水は不可欠であることには変わりない）、生育中に耕耘しないので、排水路の手直しなどの必要もない。芋の形状については、子芋の肥大部がやや深い位置になるので幾分長くなる傾向があるが、孫芋の形状については全く問題ない。

第4章　作型の特徴と品種の選択

貯蔵した芋が一～三月に出荷されるので、わが国では、周年サトイモが市場に供給されている（図4―1、図4―2）。このことは、時期によって消費量は異なるものの、周年消費ニーズがあることを示している。したがって、作型と品種を選択し、さらに栽培規模（作付面積）を決めるにあたっては、地域の気象条件を活かすことはもちろん、消費動向を見極めることが必要になる。

サトイモの作型には普通露地栽培、マルチ早熟栽培、トンネル早熟栽培、ハウス半促成栽培、ハウス促成栽培がある（図4―3、表4―1）。ここでは、温暖地で栽培される前三者について説明し、亜熱帯（沖縄）と暖地（九州から関東に至る太平洋岸の各県）で栽培されるハウス促成、ハウス半促成栽培については割愛する。

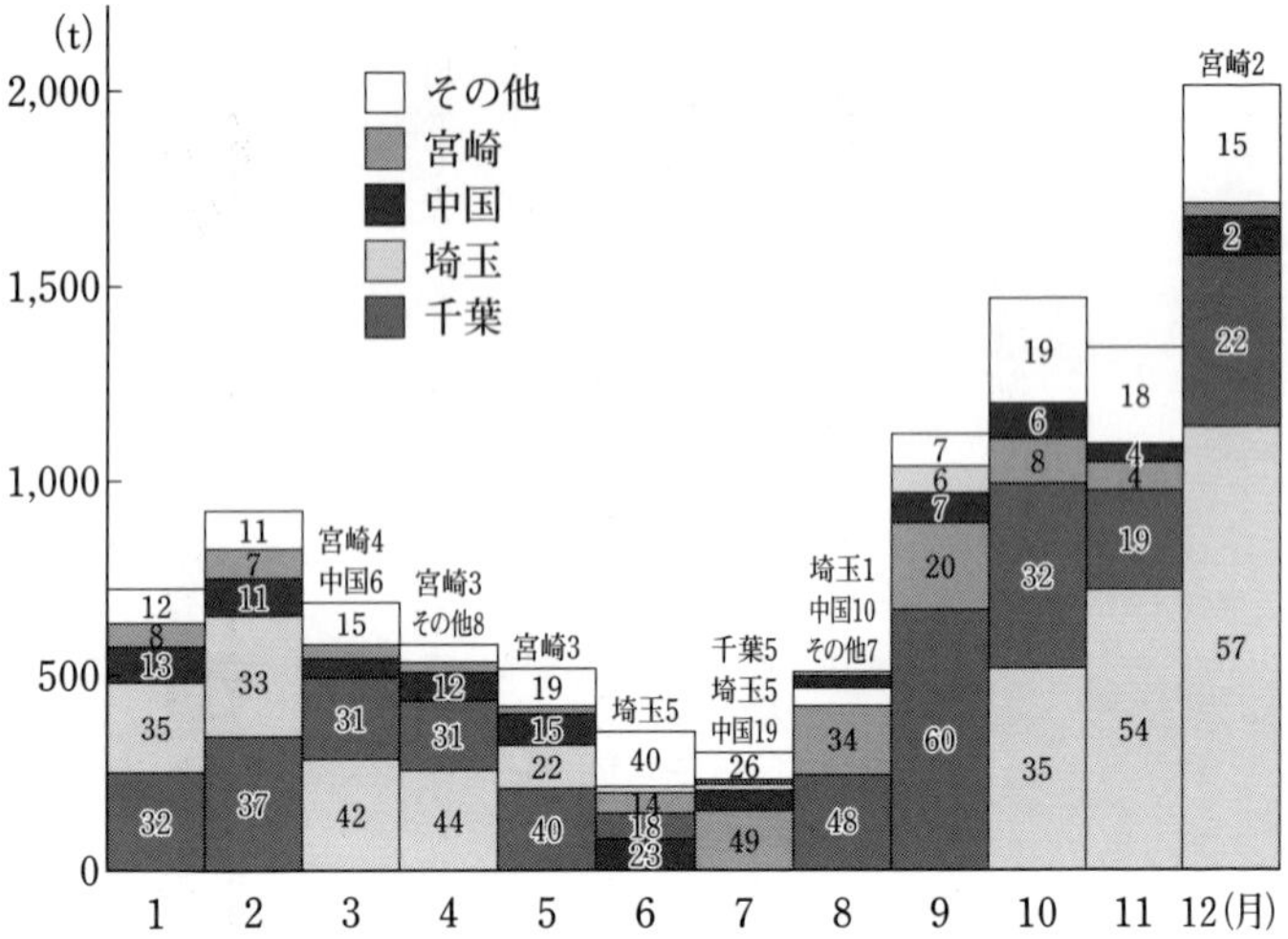

図4－1　東京卸売市場における月別出荷量の推移

2008年サトイモ類の月別県別出荷実績（東京都中央卸売市場統計）

注）都道府県は，東京都中央卸売市場への1年間の出荷実績の多い上位5都道府県を抽出して表示した

数値は，月別出荷量全体に占める割合（%）

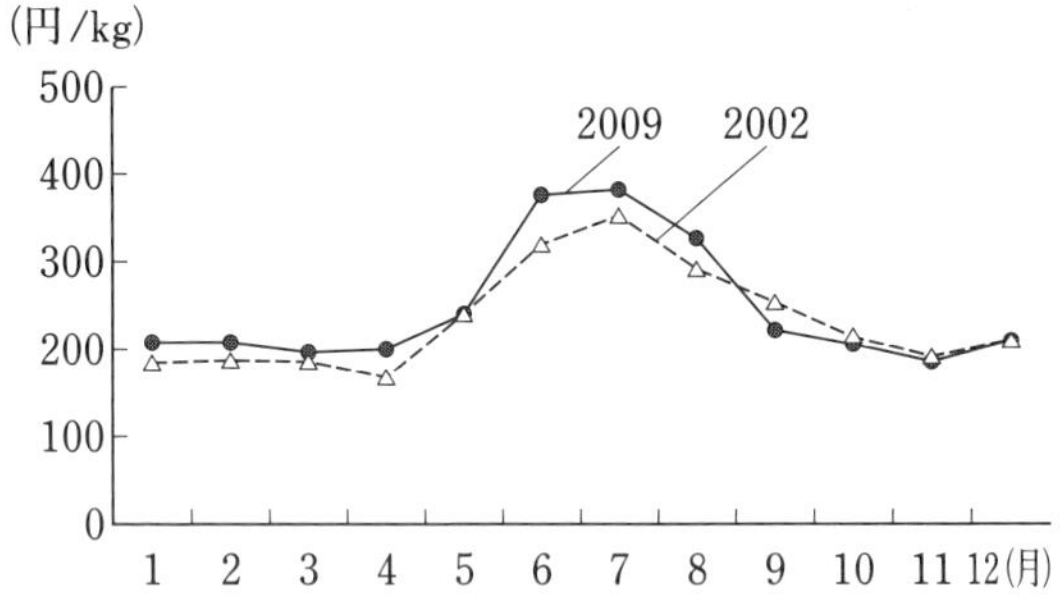

図4−2　月別単価の変化

資料）東京都「東京都中央卸売市場統計」
2002年と2009年の推移をみると，いずれも出荷量の少ない夏場に価格が高くなっており，季節によって価格が変動している

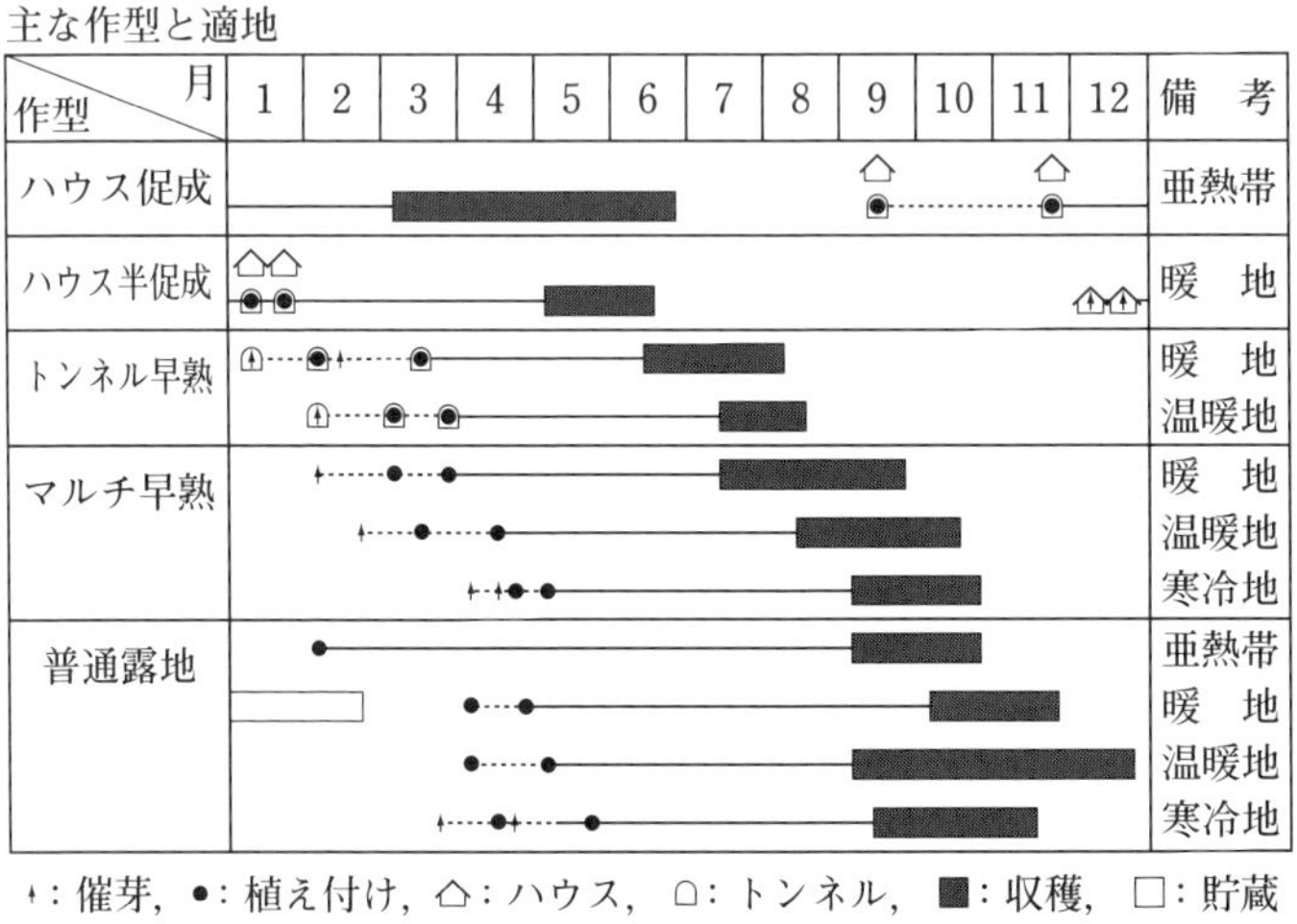

図4−3　サトイモの作型と収穫時期

1　各作型の特徴と品種

(1)　普通露地栽培

北海道を除く日本各地で栽培が可能で、亜熱帯地方を除いて四～五月に植え付け、最低気温が一五℃を下回らなくなったら速やかに出芽させ、七～八月に十分に生育させて霜が降りる前の九～十二月に収穫する作型で、本州以南であればどこでも栽培できる。

と栽培暦　（鈴木，2009）

主要品種
二子芋，土垂，石川早生，乙女，善光寺芋，相馬土垂，大野芋
石川早生，土垂，蓮葉芋，八つ頭，セレベス，静岡早生，タイワンシロメ，女早生，唐芋，愛知早生，えぐ芋，八名丸，大和早生
セレベス，女早生，石川早生，福頭，えぐ芋，早生蓮葉，筍芋，大野芋，愛知早生，中生蓮葉芋
石川早生
石川早生，土垂
石川早生，八名丸，泉南中野早生
石川早生，泉南中野早生，大和早生，愛知早生，女早生，静岡早生
石川早生
石川早生，女早生，えぐ芋，大吉，早生蓮葉
石川早生
石川早生
唐芋
山形田芋
唐芋
唐芋

表4−1　日本におけるサトイモの作型別栽培品種

	地域	作型	保温方法など	作業暦		
				催芽	植え付け	収穫
サトイモ	寒冷地	普通栽培	露地・マルチ	4～5月[1]	5月	9～11月
	温暖地		露地・マルチ	3～4月[1]	4～5月上	10～12月
	暖地		露地・マルチ	(3月)[2]	3～4月	10～12[2] 月
	亜熱帯		露地	—	2月	9～10月
	寒冷地	早熟栽培	マルチ	4月[1]	5月上	9～10月
	温暖地		トンネル	2～3月[1]	3～4月	8～10月
			マルチ	3～4月[1]	3～4月	8～10月
	暖地		トンネル	1～2月	2～3月	6～8月
			マルチ	2月[1]	3月	7～10月
	暖地	半促成栽培	ハウス	12月	1～2月	5～7月
	亜熱帯	促成栽培	露地・マルチ	—	8～11月	3～6月
芋茎(ズイキ)	温暖地	早熟栽培	ハウス	1～3月	2～4月	5～7月
	寒冷地	普通栽培	露地	4月	5月	9～10月
	温暖地		露地	3月	4月	7～8月
	温暖地	抑制栽培	露地・軟白	3～4月	4月	8～9月

野菜の種類別作型一覧（1998，野菜・茶業試験場）から作成

注1）催芽をする場合としない場合があることを示す

注2）ごく一部の産地で実施されていることを示す

各地域の気象条件や嗜好性に適した品種を選んで栽培されている。この作型の芋は充実度が高いため、再生産に必要な種芋もすべてこの作型で栽培されている。

この作型は、サトイモの生育期間が長く、株も大きくなるので、一条植えにして株間も広くとる。そのため、種芋量が少なくてよく、品質も良好だが、全国的にも生産量が多いため価格は概して低い。できるだけ有利に販売するために、長期間にわたって一定量を出荷する体系を整える。例えば早生、中生、晩生品種を併せて栽培するとか、単一品種であれば、前進栽培と併用することで出荷期間の延長を図るなどである。このことは、作業ピークを崩す意味もある。

この作型に適した中生品種には「蓮葉芋群」「土垂群」「赤芽群」などがあるが、東北・北陸では、低温に比較的強い「土垂群」が、西南暖地では収量の多い「赤芽群」（寒さに弱い）が多く栽培されている。「蓮葉芋群」は乾燥に弱いので、水が十分に行き届かない地域には不向きで、晩生品種の「えぐ芋群」は、乾燥と低温に強いが、生育期間が長い（未熟で収穫するとえぐみが残る）ので、温暖地でも比較的温度の高い地域の畑で栽培されているケースが多い。そのほか、中生品種で芋とともに芋茎も食べられる「唐芋群」や「八つ頭群」なども幅広く栽培されている（「表2―1　日本で生産されるサトイモ品種とその特徴」を参照）。

以上、いずれの地域でも、栽培が可能な品種は複数ある。したがって、品種や作型を組み合わせれば、最も忙しい収穫と出荷調製作業のピークを崩すことができ、長期出荷が可能になる。

(2) マルチ早熟栽培

販売単価が比較的高い八月中旬から九月にかけて収穫するために、保温資材を用い、生育を前進させる作型。透明マルチ被覆によって地温を高め、暖地では三月上旬~三月下旬に、温暖地では三月中旬~四月下旬に、寒冷地では四月下旬~五月上旬に植え付け、それぞれ七月中旬、八月中旬、九月中旬から収穫を開始する作型。出芽を一ヵ月早める作型は、透明マルチを被覆して地下部を保温し、出芽を前進させるが、出芽直後（五月）の最低気温が普通露地栽培同様に一五℃程度を確保できなければ、出芽後の生育が抑制される。八月出荷が可能なのは、暖地の九州各県と温暖地の四国から関東に至る太平洋岸の各県に限られる。品種は、生育の早い「石川早生」が多く用いられている。

なお、九州や関東に至る暖かい県以外でも、透明マルチを被覆する作型があるが、出芽後の温度が低いため、収穫は九月からで、八月収穫は難しいようである。この作型では、「石川早生」のほかに、各地域で栽培される中生品種も利用され、催芽処理を行なうこともある。催芽処理の目的は、普通露地栽培と並行して行なうことによる出荷期の拡大と収穫労力の分散である。

収穫開始時期が若干遅れるが、西南暖地では「早生蓮葉」や「女早生」が、北陸では土垂系の「大和早生」がマルチ早熟栽培されて、各地の初秋の食卓をにぎわしている。

なお、マルチ早熟栽培では、子芋と孫芋の肥大期が、梅雨明け後の高温で強日照時期になるので、必要に応じて十分に灌水できる環境を整えておく。

普通露地栽培に比べ、透明マルチ栽培では、雑草生育の抑制効果がなく、夏の地温が高くなりすぎるので、六葉期にマルチを除去して除草をする。

七月中旬から収穫する作型では、早生品種群の「石川早生」や「泉南中野早生」を用い、肥大が早い子芋だけを収穫している。芋の形状が良く、高値で取引されるが、子芋だけを収穫するので、一株当たり収量は少ない。そのため、栽植密度を一・五〜二倍程度にして、面積当たり収量を確保する。なお、石川早生群は、孫芋が肥大すると子芋に水晶症状が発生するので、孫芋が肥大する前に収穫する。

(3) トンネル早熟栽培

この作型は、マルチ早熟栽培よりもさらに一カ月早い六〜七月に収穫することを目的とする。マルチ＋ビニールトンネルで保温し、暖地では二月上旬〜三月中旬に、温暖地では三月上旬〜四月上旬に植え付け、それぞれ六月中旬〜七月中旬から収穫を開始する作型である。この作型は、マルチ栽培よりも植え付け時期の温度が低いので、初期生育を促進するための保温は重要になってくる。

実際には、マルチ被覆で地下部を保温し、トンネル被覆により地上部を保温するもので、品種は、肥大の早い「石川早生」や「泉南中野早生」を用い、マルチ資材には保温性に優れた〇・〇二mmの透明マルチ（穴あき）を、トンネル資材には〇・〇五mmの有滴性のビニールフィルムを用いる。

この作型の植え付け時期は、温暖地の関東地方で四月、暖地の九州で三月と早く、出荷は温暖地では七月中旬から、暖地では六月中旬から可能で、流通量が少ないこともあって高値で取引される。価格的に有利ということは、管理も大変であることを意味している。特にトンネル被覆で地上部の温度を制御するので、きめ細かい管理が必要になる。なお、この作型を導入しているのは、マルチ早熟栽培で八月に出荷している地域とほぼ同じである。

初期の気温がより低く、肥料成分の吸収も少ないので、種芋は健全で、大きめのものを用いる。この時期は単価は安定して高いが、資材費も人件費もかかる。確実にねらった時期（六月中旬もしくは七月中旬）に収穫できないと、利益はなくなるので、石川早生群のなかでも、特に生育が早く丸系で孫芋の着生の遅い系統を厳選し、催芽、マルチ被覆、トンネル管理、水管理をこまめに行なう。

2　収益性

(1)　サトイモ栽培での収益性の要素

サトイモを、普通露地栽培の作型だけで栽培している生産者もあるが、前進栽培であるマルチ早熟やマルチ＋トンネル早熟だけを栽培している生産者はあまりない。このことは、出荷期を拡大することによる有利販売や、労力や資材の有効利用などを総合的に考えて作型を導入しているためである。

収益性とは、単純に言えば販売金額（市場単価と出荷収量を掛け合わせたもの）から生産費（資材費や減価償却費、人件費などの支出金額）を引いたものである。

収益性を高めるためには、

①粗収入を増やす：収入を増やすためには、収量と品質を向上させることはもちろんだが、できるだけ長期間にわたって一定量を供給し続けることで、有利に販売することが重要である。

②支出を少なくする：支出のなかで最も多いのは人件費（特に雇用賃金）で、作業用機械の導入は、労働時間の短縮につながる。しかし、機械を購入した場合、支出が増加する。したがって、減価償却費〈（機械の購入価格×〇・九）／（耐用年数：通常八年）〉が雇用賃金より安くなければ機械化を行なう意味がない。雇用賃金の削減を機械に依存するだけでなく、作業ピークを分散（品種、作型の多様化）するなどの方法を併用する必要がある。

次いで多い支出は種芋代金である。種芋は単価も高く、量も多いので、できるだけ自家生産する方向で検討しよう。

サトイモ栽培を経営の中心に置く場合は、あくまで普通露地栽培を中心にし、販売方法（販売戦略）、家族労力、機械力、作期の拡大（各作型の栽培割合）などを考慮しながら、収益性の向上を図ることが好ましい。収益性については、表4―2で概算ができる。

表4−2　収益の概算方法

収入：①面積当たり出荷収量（　kg/10a），②栽培面積（　×10a）
　　　③販売単価（　　円/kg）
支出：④労賃（　円/時間），⑤労働時間（　時間/10a）
　　　⑥機械の減価償却費（　　円）
　　　⑦肥料・農薬・除草剤・マルチ資材などの代金（　円/10a）
　　　⑧種芋単価（　円/kg），⑨種芋必要量（　kg/10a）
　　　⑩その他諸雑費（　円/10a）
おおよその収益は以下の式によって得られる
　　　（①×②×③）−（④×⑤＋⑥＋⑦＋⑧×⑨＋⑩）
なお，家族労力だけであれば，④×⑤は労働収入になる

以下、作型別に収益性について述べていく。

(2) 普通露地栽培

普通露地栽培は、九～十二月までの期間で出荷時期が遅くなるにしたがって流通量が増加して単価は低下してくる。しかし、その間に収量が増加してくるので、出荷時期が遅くなっても粗収益が極端に少なくなることはない。また、この作型で栽培された貯蔵芋の出荷（一～三月）は、単価は上昇しないが、出荷労力の分散には有効である。つまり生産現場では、出荷調製作業の分散としても位置付けられる。作業のピークを分散させることにより、雇用を減らし家族労働でまかなうことによって労働収入になる。

普通露地栽培の芋は、時期による単価の変動は少なく、どちらかといえば薄利多売になるので、機械を導入し、より大きな面積をこなす方向に向かっているようである。

支出として以下のことを考慮する必要がある。

労賃：労働単価（○円／時間）×労働時間（○時間）
機械の減価償却費：（機械購入価格）／七年）
その他生産費：肥料、農薬、除草剤、マルチ、支柱などの代金（○円）
　種芋代金（単価〔○円／kg〕×必要量〔○kg／一○a〕）
　燃料費や小農具代金など

支出として最も大きい労賃、特に雇用賃金が少なくなるように作業体系を決める。面積当たり労働時間を切り下げるには作業機械の導入が有効だが、各機械の能力（機械の作業効率：「付録2」を参照）を十分に活かす作付面積に拡大する。少面積では投資過多になる可能性がある。また、種芋は高価で、毎年購入すると経営を大きく圧迫するので、自家生産するのが基本である（「第5章　5　種芋栽培」を参照）。

以下は、普通露地栽培の単位面積当たりの収入および支出に関わる項目の目安である（収益は、収入から必要経費を差し引いたもの）。

収入
　平均単価：二○○円／kg
　平均的収量：二・○〜二・五t／一○a
支出
　労働単価：七○○円／時間

労働時間：一二〇時間（省力型）～二六〇時間（手作業型）／一〇a

生産費：五～一〇万円／一〇a

減価償却費：四三万円／栽培面積（三〇〇万円の機械を購入した場合）

（注）省力法とは畝立て、マルチ被覆、植え付け、施肥が同時にできるエイブルプランター、マルチはぎ取り機、掘り取り機、除根、芋分離機、選別機を導入して栽培したもの。共同利用を考えたい。

(3) マルチ早熟栽培（早生、中生）

八月はサトイモの単価が高いので、この作型では早生品種を選定し、透明マルチ被覆（催芽処理）によって初期生育を促進し、確実に八月に出荷できるようにする。しかし、子芋を主体に早期に収穫するため一株当たりの収量が少なくなる。そのため、栽植密度を高めて（普通露地栽培の一・五倍）収量を確保するが、種芋代が高くつくので、自家で生産したい。

温暖地におけるマルチ早熟栽培は、収穫時期は九月だが、普通露地栽培より一カ月程度前進する。これが有利販売につながるので、多くの産地で栽培されている。

収入

平均単価：二五〇～二八〇円／kg

平均的収量：一・〇〜二・五t／一〇a

支出

労働単価：七〇〇円／時間

労働時間：一六〇時間（省力型）〜三〇〇時間（手作業型）／一〇a

生産費：一二万円／一〇a

減価償却費：四三万円／栽培面積（三〇〇万円の機械を購入した場合）

（注）収量が一・〇〜二・五tと幅があるのは、収穫期間がほぼ一カ月で、前後で収量が異なるためである。なお、一カ月以内に収穫しないと、「石川早生」の場合、孫芋が肥大を開始し、水晶症状が発生し、品質が著しく低下する。

(4) トンネル早熟栽培（早生、中生）

七月出荷の作型は、八月出荷（マルチ早熟栽培）よりもさらに安定して単価が高い。しかし、まだ気温の低い日がある時期に萌芽するので、トンネル内温度が一五℃以下にならないよう管理する。実用的には、日差しの強い日にはトンネル内が高温になるので、穴あきフィルムを用いることが多い。さらに、初期は風の強い日が多いので、トンネルを飛ばされないようひもで固定する。比較的細かい手作業が多いので、労働時間が長く、機械化による省力程度も少ない。労働集約的に行なう作型で、ハウスで栽培している農家もある。

そのほか、マルチ早熟栽培同様に、「石川早生」群品種の利用と催芽処理が必須で、栽植密度を上げで単位面積当たり収量を確保することも重要。

収入

平均単価：三〇〇～三八〇円／kg

平均的収量：一・〇～二・五t／一〇a

支出

労働単価：七〇〇円／時間

労働時間：三九〇時間（手作業型）／一〇a

生産費：二三万円／一〇a

減価償却費：二〇万円／栽培面積（三〇〇万円の機械を購入した場合）

（注）収量に幅がある理由は、マルチ早熟栽培の場合と同様。この作型では、収穫芋の充実度が低いこと、気温が高いことから、掘り取り後、ただちに出荷する。

第5章　栽培技術の実際

サトイモは、周年出荷されているが、出荷量と単価は季節によって変動する（図4―1、図4―2）。普通露地栽培の芋が出荷される十～十二月は市場流通量が最も多く、単価は比較的安い。一方、五～八月の流通量は少なく、高値で取引される。そのため各産地では、出荷期を前進させる努力がされている。

サトイモの生育に適した気象条件は、気温が二五～三〇℃と高く、日射量は多いほうがよいため、七～八月に光合成が最も盛んで、生育も旺盛になる。しかし、その後温度が低くなると生育はしだいに緩慢になり、一五℃以下でほとんど停止し、さらに低くなると低温の障害を受ける場合もある。したがって、出荷期を前進させるにあたっては、地域の気象条件、特に気温の推移を把握する必要がある。

前進栽培は、晩春から初夏にかけての気温が高く、日射量の多い地域ほど有利であることは否めない。しかし、近年は、地場産野菜の要望が大きいことから、首都圏での流通量が必ずしも地方の流通量と価格を制御せず、むしろ各地域の市場に一定量を長期間にわたって出荷するほうが有利な取引につながる。

こうしたことから、まず、九州や太平洋沿岸の暖かい地域でマルチ早熟栽培とマルチ十トンネル早熟栽培方法が確立され、それがしだいに各地に広まっている。しかし、忘れてはならないのは、基本はあくまでも普通露地栽培なので、まずは、この作型で十分につくりこなす技術を習得したい。

以下、普通露地栽培、マルチ早熟栽培、トンネル早熟栽培について説明する。またマルチ無培土栽培や種芋栽培など、各作型で共通の技術については、別記する。

1　普通露地栽培

(1) 栽培を始める前に

普通露地栽培は最もつくりやすい作型だが、それだけに、経営として十分に成り立つような計画（目標）を立てて進める必要がある。そのために、「第4章　2　収益性」で紹介した収益の試算をすることを勧める。

販売単価は二〇〇円程度だが、販売方法によって上下するので、市場の動向や販売方法について見当をつけておく必要がある。出荷量は収入に最も大きく影響するので二t／一〇a以上は確保したい。

そのためには単価の高い大きさの芋が多く収穫できるよう努力したい。作付面積は機械装備や作付体系、労力によって変わってくる。

さらに、栽培を始める前に、圃場の選定やローテーションを決めておく。

(2) 優良な種芋を確保したい

品種と栽培面積を決めたら、その次に考えなければならないことは、優良な種芋を確保することである。

優良な種芋とは、地域の栽培条件下での芋の形状が円形もしくは楕円形で収量が多い芋が生産できること、植え付けの段階で生理障害の発症がなく、病害虫におかされていないなどの条件を備えていることである。こうした芋を確保するには、生産者が自ら優良な株を選んでいくことが最も近道である（具体的な優良系統の選抜方法については、「5　種芋栽培」を参照）。

(3) 種芋の消毒と催芽処理

①消毒の方法

サトイモには、必ず欠き口があり、病原菌に対して無防備なので、種芋消毒が欠かせない。種芋消毒には、薬剤による方法と温湯による方法がある。

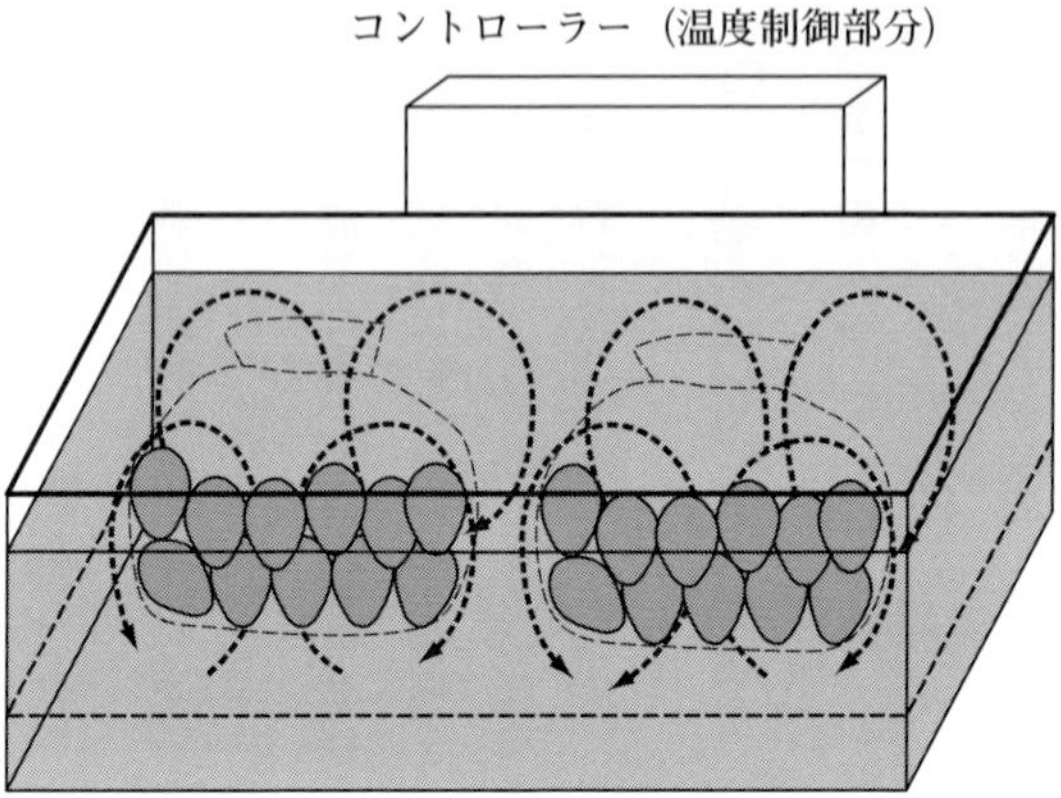

図5―1　温湯消毒の方法

45～48℃の温湯に60分間浸漬することにより，糸状菌と細菌を消毒できる
しかし，温度を厳密に調整するためには，湯量と芋量の関係が異なるため，現地で条件設定のための調査が必要

薬剤（ベンレートT）による消毒には液剤処理と粉衣処理法がある。前者は、植え付け直前に二〇倍液に一分程度浸漬するもので、処理後長期間放置すると芋表面からの病害発生が助長されるので、処理は植え付け直前とする。

粉衣処理法は、芋重の〇・三～〇・四％の薬剤（粉）を直接付着させるもので、水を使わないので安定した効果が得られる。

温湯消毒法（図5―1）は、四五～四八℃の温湯に六〇分間浸漬することにより、糸状菌と細菌を消毒するものである。副次的効果として、種芋は、水分を十分に吸収していることから、その後の生育も促進される（処理後長期間放置しない）。ただし、温度が高すぎると芋が煮えてしまい、低すぎると消毒効果はない。なお、処理種芋量は湯量の一〇分の一程度とし、温度は常にチェックする必要がある。実際には市販の温湯消毒器の利用が好ましい。なお、芽が伸びた芋は芽が煮えるので温湯処理はできない。

②種芋の催芽

寒地（特に東北・北陸）では春先の気温が低いため植え付けが遅くなり、生育期間が不足しがちである。こうした問題を解決するため、普通露地栽培でもかつては催芽処理が行なわれていた。催芽処理とは、集約的に温度管理し、早期に出芽させ、初期生育を促進するものである（図5―2）。

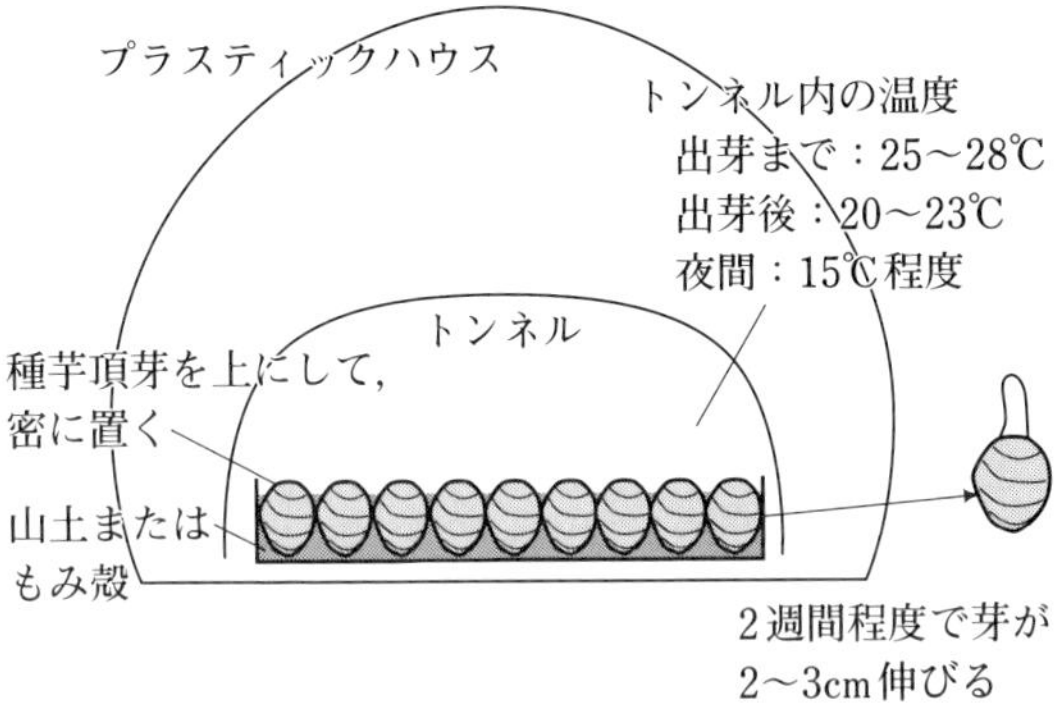

図5－2　種芋の催芽法

屋外での催芽処理では、種芋の頂芽を上に向け、芋が隠れる程度に覆土し、その上にワラを載せ、透明ポリフィルムで被覆し、さらに、全体をビニールフィルムでトンネルする。トンネル内の温度は出芽までは日中二五～二八℃とし、出芽後は速やかにマルチを取り除き、二〇～二三℃を目標に管理し、夜間は一〇～一五℃を維持する。二～三週間で三～四cmの出芽苗になる。被覆資材の除去や換気が遅れると高温で障害を起こすことがあるので注意する。温暖地や暖地では、マルチやトンネルなどの被覆資材は省略できる場合もある。

プラスティックハウス内では、コンテナに種芋を入れ、芋の八〇％が隠れる程度にもみ殻を入れ、出芽までは二五℃度程度、出芽後は二〇℃程度に管理し、出芽を促し、夜間は一五℃以上になるようトンネルを被覆するなどして保温する。このようにすると、発根せずに芽だけが伸びるので、二～三cm伸びた段階で植え付けることができる。

催芽した苗を用いる上での問題点は、植え傷みである。発根した催芽苗は、圃場に植え付けるときに、根が切れたり、乾燥したりして、その後の生育が遅延してしまう。

ただし近年、マルチを利用すれば出芽が促進されることが明らかになり、催芽処理はしだいに行なわれなくなった。催芽芋を定植する際の根傷み（断根や萎れ）も催芽処理ばなれを助長したのであろう。しかし、催芽処理は、生育促進だけでなく、生育揃いが良くなるなどの利点もあることを忘れてはいけない。

なお、催芽処理をする場合は、萌芽後に霜や長期の低温に遭遇しないよう、気象条件を把握して作業を開始する。

(4) 土づくりはこうする

種芋の準備ができたら、次は圃場の土づくりを考える。土づくりでは、まず、土壌の保肥力と保水力を高め、土壌を膨軟にすることが重要である。こうした改善には、堆肥の投入が有効で、各産地の耕種基準では毎回二〜三t／一〇aの堆肥の施用を推奨している。堆肥が毎年連用される畑では、物理性の改善は早期に達成される。また四〜五年に一回施用される水田転作では、種芋近辺（局所）に施用することにより、部分的に物理性の改善という目的を達成している。

ここで注意しなければならないのは、堆肥の連用により各種養分の過剰蓄積やバランスの乱れがみられるようになることである。しかし、これら土壌の化学性の変化は、目で見ただけではわからないので、定期的に土壌診断を受けたい。

また、安定した肥効を確保するための土壌pHは六〜六・五程度なので、栽培を開始する前にpHを測定し、炭酸カルシウムを用いる場合は、pH六前後で八〇kg／一〇a、pH五・五前後で二〇〇kg／一〇a程度を施用する。

(5) 施肥

①最適な施肥量は

土壌診断の結果とサトイモの養分吸収量、施用する有機物の肥料成分含量を考慮して肥料を施用する。牛糞堆肥を長年にわたって施用している圃場では、カリ、リン酸、石灰などが過剰蓄積している場合が多く、そうした分析結果が得られた場合は、それら成分の施用量を減らす。

なお、サトイモの収量を三t／一〇aとした場合の窒素吸収量は一五〜一八kg／一〇a程度（猪野ら、二〇〇七）であり、カリウムは三二kg／一〇aと多く、リン酸は七kg／一〇a程度と少ない（窒素、リン酸、カリウム含量は食品成分表から換算した）。窒素吸収量は、施肥窒素よりも地力窒素のほうが多く、収量と地力窒素発現量の間には高い正の相関関係があるとされている。また、時期別には、温度の高い時期（子・孫芋肥大期）の窒素吸収量が多く、その後はまた少なくなる。また、八月の窒素の半分以上は地上部（葉）に含まれるが、収穫時期になるとほとんどが地下部（芋）に含まれることから、秋から収穫期にかけて、炭水化物だけでなく、窒素も地上部から地下部へ流れる（猪野ら、二〇〇七）。

実際栽培では、地域によって施用量は多少異なるが、基肥として一二kg／一〇a、追肥は四kg／一〇a程度が二回施用されている。地力窒素の発現量は、地温の高い七〜八月（追肥時）に多いので、地力のある圃場では一回目の追肥（六葉期）だけにする。ただし、葉色が極端に濃い場合は施用量を若干控えよう。

二回目追肥時に葉柄の伸びが盛んで、葉身の色が濃く、葉が円形をしている場合は追肥を控える必要がある。一方、地力のない圃場で、二回目追肥時期に葉柄が短く、葉色が淡く、葉身が小さい場合は追肥量を増やす必要がある。

カリは葉身中で合成された炭水化物の転流に大きくかかわっているので、芋の肥大期に、より必要な成分である。したがって、基肥はもちろんだが、生育後半の追肥としての施用がより重要である。

なお、吸収量が多いにもかかわらず、窒素と同程度しか施用されていないのは、牛糞堆肥にカリが多く含まれるためである。

なお、カリが過剰に吸収されると、カルシウムやマグネシウムの吸収が抑制され、生理障害（芽つぶれ症）発生の原因となるので注意したい。

リン酸は全期間を通じて吸収されるが、量は少なく、土壌からの流亡がほとんどないので、基肥として施用すればよい。しかし、リン酸吸収係数の高い火山灰土壌では増施が必要になる（表５―１）。

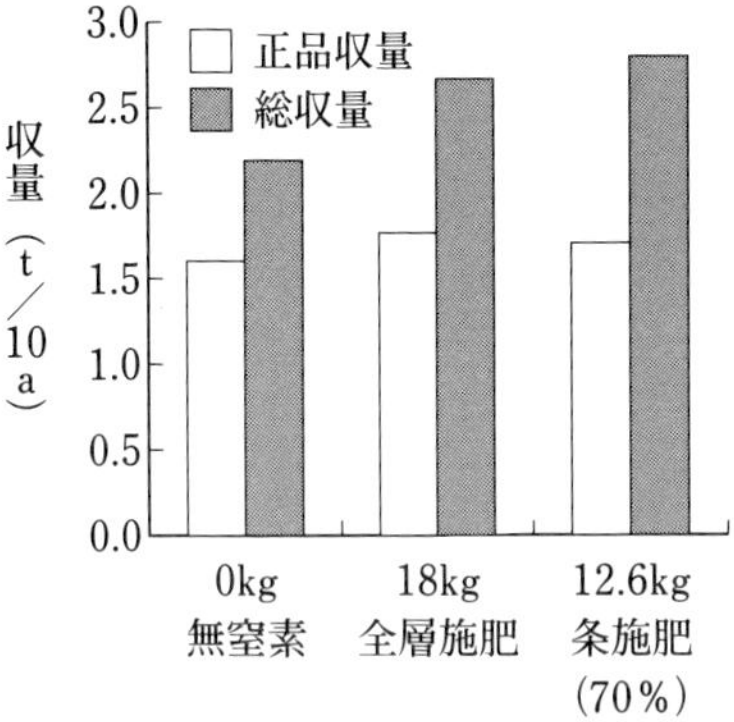

図5－3　サトイモの局所（条）施肥が収量に及ぼす影響

（猪野ら，2007）

②施用方法

有機物や各種肥料成分は、全層に施用する場合と局所に施用する場合があるが、水田転作では、伝統的に植え溝に施用（局所施肥）することが多いようである。局所施肥は、全層施肥に比べて利用率が高いので全層施肥の二〇％程度減肥できる（図５―３）。

③肥効調節型肥料（被覆尿素ＬＰ、ＬＰＳ）の利用方法

サトイモの窒素吸収量は生育量と比例していて、

の各県の施肥基準 (鈴木健司，2009)

		都府県	主な品種	目標収量
リン酸	カリ			
				(t/10a)
9～15	9～12	茨城，千葉	石川早生	1.5～2.5
16～20	16～18	神奈川，兵庫，宮崎，熊本，鹿児島	石川早生	1～3
10～18	15～18	山形，新潟，富山，沖縄	大和早生，石川早生	1.5～3
15～30	20～30	宮城，新潟，福井，山梨，愛知，三重，佐賀	土垂，善光寺芋，愛知早生，乙女，八名丸，大和早生，石川早生	
15～30	20～35	岩手，栃木，埼玉，宮崎	愛知早生，女早生，土垂，善光寺芋，二子芋	3
15～20	20～25	群馬，東京，神奈川，熊本	弥一，土垂，神農総研1号，蓮葉芋，石川早生	2～3
15～30	20～30	千葉，山梨，岐阜，静岡，奈良，岡山，徳島，愛媛，福岡，宮崎	石川早生，早生蓮葉，赤芽，女早生，土垂，えぐ芋	2～3
26	32	静岡	エビイモ	1.8～2
25	20	宮崎	筍芋	2
19	26	沖縄	田芋	
15	20	岡山	唐芋	

html　2007年3月14日記載）から作成
にした便宜的なものである
ているが，成分を考慮する場合と別途施用する場合があるため，表で

表5−1　サトイモ

品種等	栽培法	分類	施肥成分（kg/10a）		
			窒素		
			合計	基肥	追肥
子芋用品種	半促成	少施肥	8〜9	6	2〜3
	早熟栽培	基肥中心	13〜18	13〜15	0〜3
	普通・早熟栽培	基肥のみ	15〜19	15〜19	0
		多施肥	25〜30	15〜20	7〜15
	普通栽培	基肥中心	20〜23	14〜16	5〜8
		均等施肥	18〜22	9〜12	9〜10
		追肥重点	18〜24	5〜10	12〜15
エビイモ			32	12	20
筍芋			22	12	10
田芋			29	22	7
ズイキ			22	16	6

農林水産省HP都道府県施肥基準等（http://www.aff.go.jp/sehikijun/top.
注）空欄は不明な項目。分類は施肥基準量，栽培作型，栽培品種を目安
　　また，多くの施肥基準では，2,000〜3,000kg/10aの堆肥が施用され
　は記載を省略した

初期は少なく、地上部の生育に伴って増加し、七〜八月で最も多くなり、その後はまた少なくなる。こうした変化は、温度と密接に関係していて、窒素もこうした変化に対応して供給する必要があるので、二〜三回に分けて施用されている。しかし、温度によって溶出が制御される被覆尿素を用いれば、基肥として全量を施用することができる（追肥の必要がない）。

被覆尿素（LP、LPS）には、二五℃で八〇％の窒素が溶出する期間によって四〇、七〇、一〇〇、一四〇日などのタイプがある。温度によって溶出が制御されるため、溶出時期と溶出量が計算できるだけでなく、少量ずつ溶出するため、局所への基肥全量施用ができる。速効性肥料を用いた全層施肥と比べて六〇％程度の施用量でよいのもメリットである。

中生品種の普通露地栽培では、五月（施肥直後）から窒素が溶出し、温度の上昇に伴ってしだいに多くなり、七〜八月で最も多く溶出し、その後温度の低下に伴って少なくなり、十月ごろまで溶出が継続するＬＰ一〇〇が適当と考えられる。しかし、早生品種や生育期間の短い作型では、中生品種よりも溶出盛期が早く、八月で溶出がほとんどなくなるＬＰ七〇が良いと考えられる。

なお、ＬＰ肥料は、温度が一五℃以下では溶出が極端に抑制されるので、初期の温度が低い地域や作型では、施用量の四分の一〜三分の一を速効性肥料に変える（ブレンドする）ことで対応できる。

(6) 圃場の選び方と排水対策

①畑の場合

サトイモは多くの水分を必要とするので、灌水が可能で、下層土の水分条件が安定し（地下水位が比較的高い）、根が深くまで伸びやすいよう耕土の深い圃場を選ぶ。

なお、圃場の選択にあたっては、三〜四年の輪作を原則とする（連作を嫌う）ので、年間作付面積の三〜四倍の圃場を選び（地図をつくっておくとよい）、年次によるセンチュウの増殖を抑制する栽培品目（ダイコン、ラッキョウ、サツマイモ、ラッカセイなど）との輪作体系を決めておくとよい。

なお、センチュウの被害が著しい圃場では、D―Dなどの殺センチュウ剤による土壌消毒だけでなく、マリーゴールド、セスバニアなどセンチュウの増殖を抑制する作物を導入している農家もある。

②水田の場合

水田は、水稲用に灌排水設備は整っているが、耕盤が比較的浅いところに形成され、水の地下浸透が悪く、耕土（作土）が薄い欠点がある。そこで前年秋に額縁排水溝を掘って表面排水を良くし、サブソイラーなどによって耕盤を破砕しておくと、春先の作業がしやすくなる。

また、基盤整備田では、圃場の水分を効率よく利用するために、排水マスは比較的高いところにある。したがって、排水溝は排水マスより低くならないよう注意し、夏場の畝間灌水では、朝の涼しい

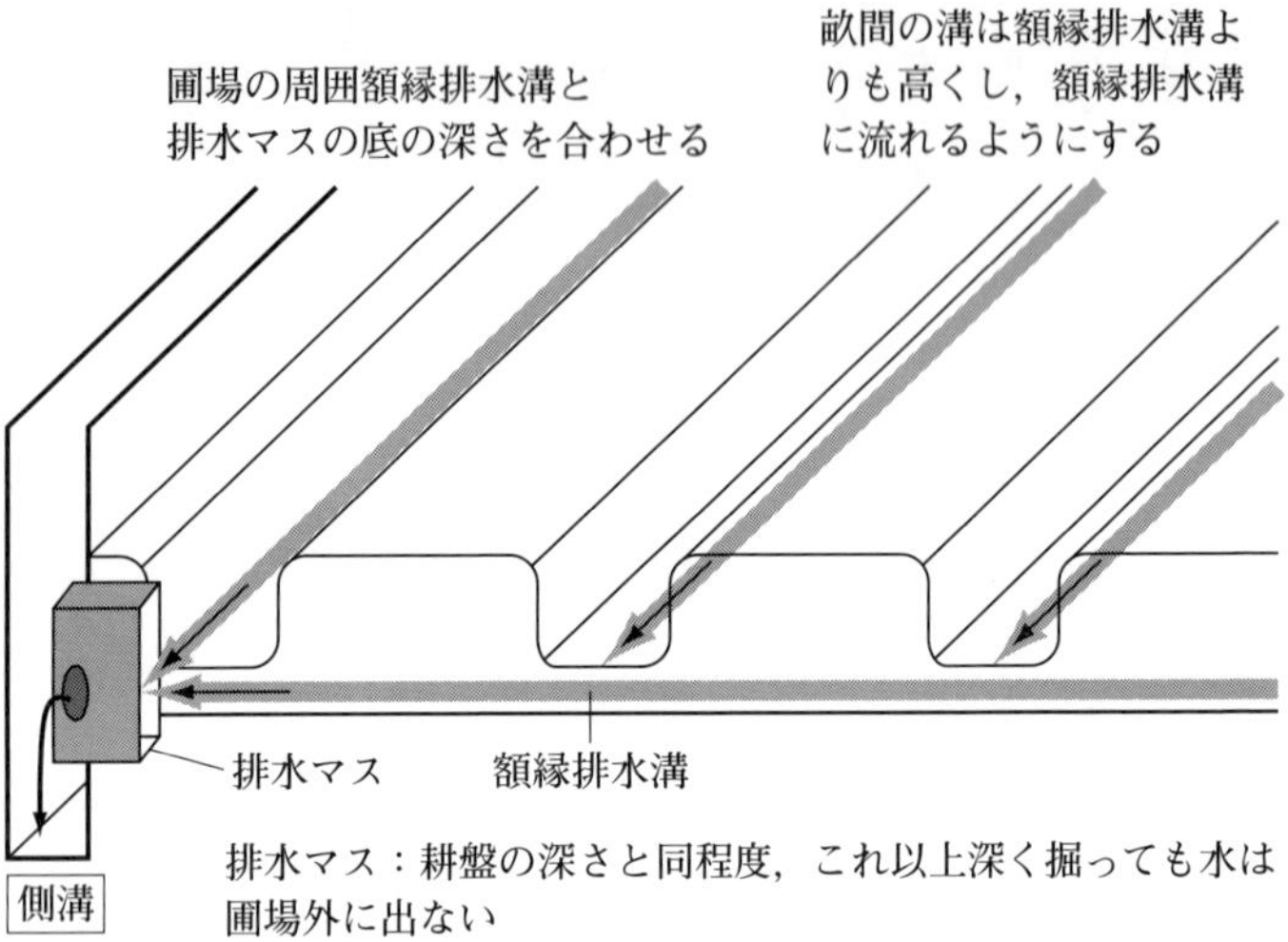
深さの順位：排水マス＞額縁排水溝＞畝間の溝
←は水の流れる方向

図5−4　排水マスの深さと額縁と畝間溝の関係

うちに水を入れ、速やかに排水する必要がある（水溜まりが起きないよう溝の傾斜を調整する）。さらに、畑に比べて耕土が浅いので、覆土量を確保するため畝幅を広くする必要がある（図5―4）。

水田転換畑では、センチュウ密度は低いが、排水不良による土壌病害が発生する可能性が高いので、畑より長い四〜五年輪作を原則とする。しかし、サトイモの産地では、作付面積が増加し、個人の圃場では四〜五年輪作を計画するのが難しい場合があり、土壌消毒に頼らざるを得ない地域もある。そのため、今後は、個人ではなく、地域（産地）全体での出荷計画や設備投資のほかに、圃場ローテーションも地域全体で考える必要がある。なお、軟腐病や乾腐病などの土壌病害が発生した場合は、その圃場はローテーションから一〜二回程度外すと安全である。

(7) 植え付けの適期と方法

①畑の場合

耕起するときの土壌水分の目安

土を軽く握ると固まり、塊を軽く押すと壊れる程度が耕起するときの土壌水分の目安である。これより水分が多い場合は、砕土率が低下し、作業がしにくいばかりでなく、その後の生育にも影響する。一方、水分が少ないと作業はしやすいが、初期の自然降雨や灌水によって畝が崩れやすく、灌水による水分の内部への浸透が劣るため生育にも影響する。したがって、水分が不足している場合は、耕起前に灌水をする。

植え付けの方法

サトイモは日射量が多いほうが光合成は盛んになる。また、一株四〜五枚の葉全体に光が十分あたるようにするためには一株の占有面積を大きくするとよい。露地栽培では、二条植えより一条植えのほうが収量は多くなり、株間を広くしても収量が少なくなることはない（表3—1を参照）。疎植にしたほうが芋は大きくなる。畑の場合は、「土垂」や「蓮葉芋」で一〇a当たり栽植株数は二〇〇〇

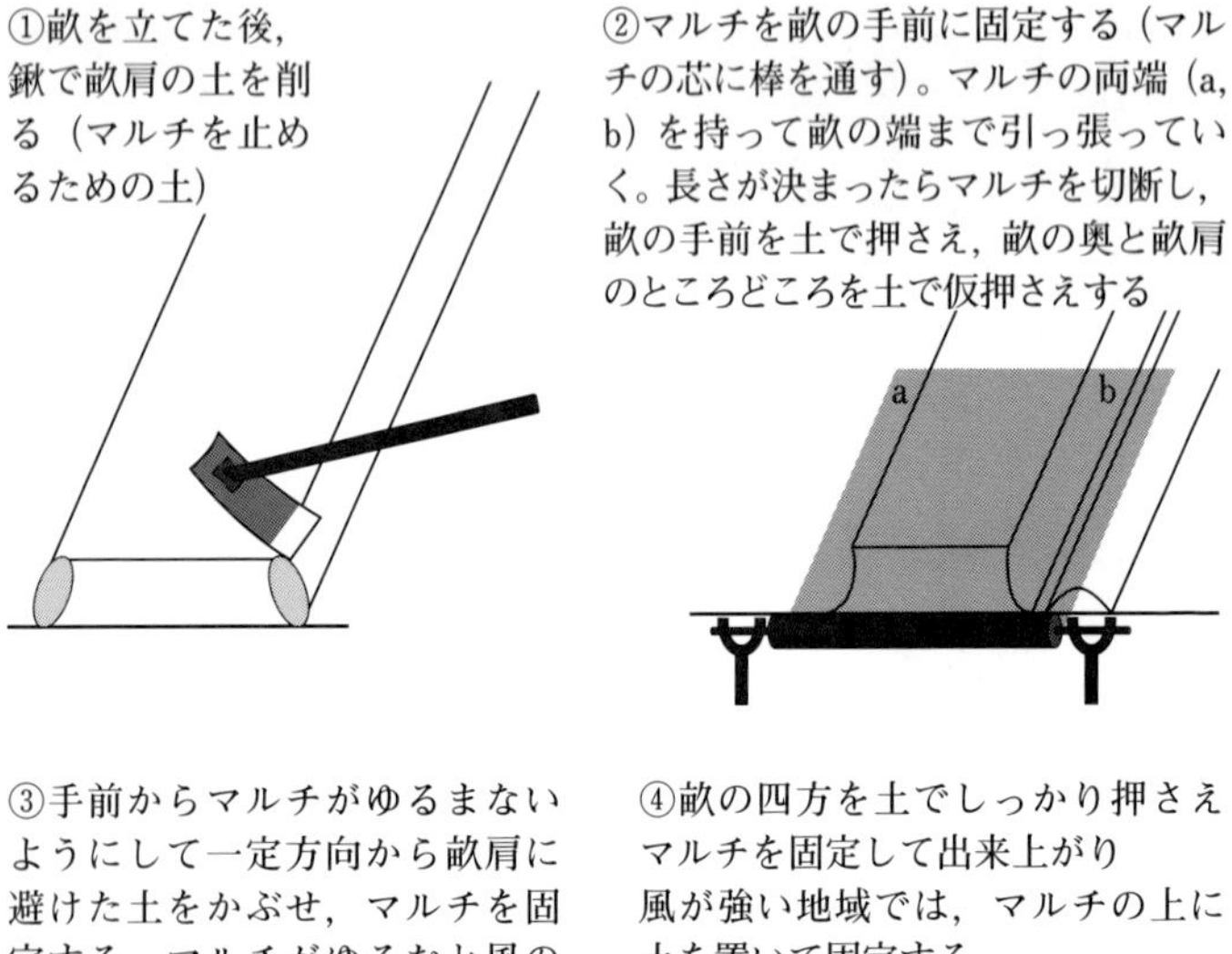
③手前からマルチがゆるまないようにして一定方向から畝肩に避けた土をかぶせ，マルチを固定する。マルチがゆるむと風の害を受けやすい
よけた土をマルチ押さえに使う
風が強い地域では，マルチの上に土を置いて固定する

図5－5　マルチの被覆方法

土壌水分が足りない場合はマルチ被覆前に灌水を行なう
マルチ設置は，風の強い日を避ける

～二五〇〇株とし、畝幅は一一〇～一二〇cm、株間は三五～五〇cmとする。「大吉」や「八つ頭」は、さらに茎葉の生育が旺盛になるので、株間を広く取り、一〇a当たり約一五〇〇株植えとする。なお、

種芋は、四〇～六〇gの健全な芋を、大きい順に、マルチ被覆前もしくは被覆後に植え付ける（図5―5、5―6、5―7）。原則的には頂芽が上になるように植え付けるが、種芋が長い場合は、横にして植えてもよいようである。なぜなら、種芋の植え付け姿勢と収量の関係には多くの報告があるが、ほとんどは影響がないとしているからである。

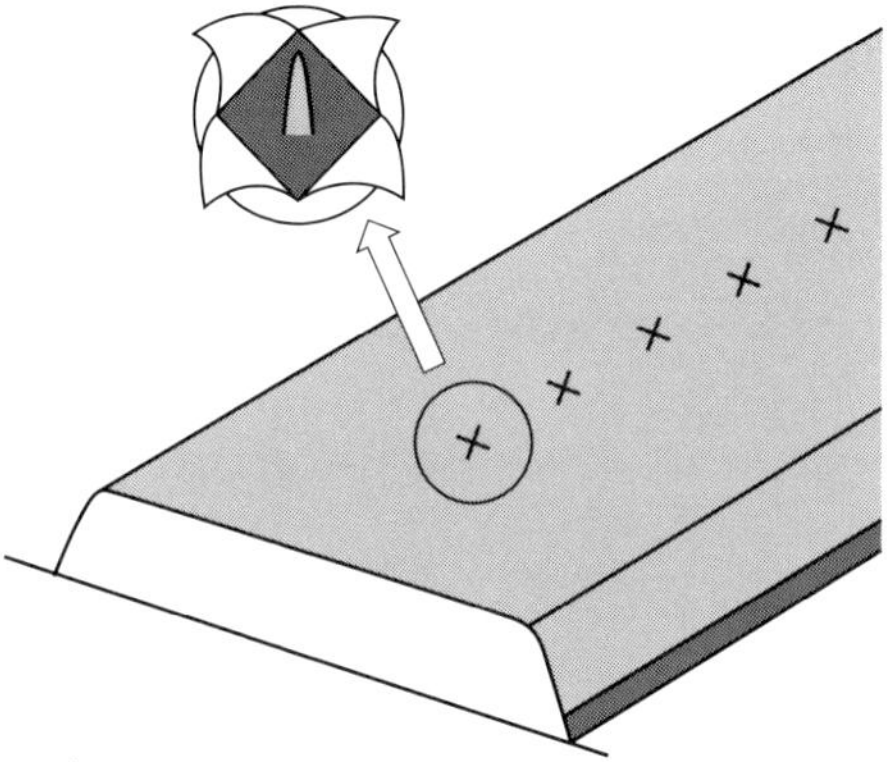
毎朝圃場を回り，芽が出ているところをカッターで×印に切り開き，芽を外へ誘導する

透明・グリーンフィルムはマルチ下が見えやすい。しかし，黒マルチは見にくいので芽の盛り上がりを頼りにする

図5－6　マルチ被覆前に植え付けた場合の出芽時の芽の誘導方法

作業の手順

全層施肥の場合は、①圃場全体に土壌改良資材や石灰資材を散布して耕耘し、②全面に基肥を施用、③畝を立て、④定植、覆土した後、⑤マルチを被覆する。

一方、局所施肥の場合は、①耕耘、砕土、均平の後、②深さ一〇cm程度の仮溝を掘り、③仮溝に石灰質資材、

有機物と肥料を施用し、④その上に五cm程度覆土する（図5―8）。

定植の方法には、a．溝の中央に種芋を並べ、両サイドから一〇cm程度覆土し（幅五〇cm程度の畝になる）、マルチを被覆する方法と、b．畝をつくった後にマルチを被覆し、その後深さ一〇cm程度のところに種芋を植え付ける方法がある。

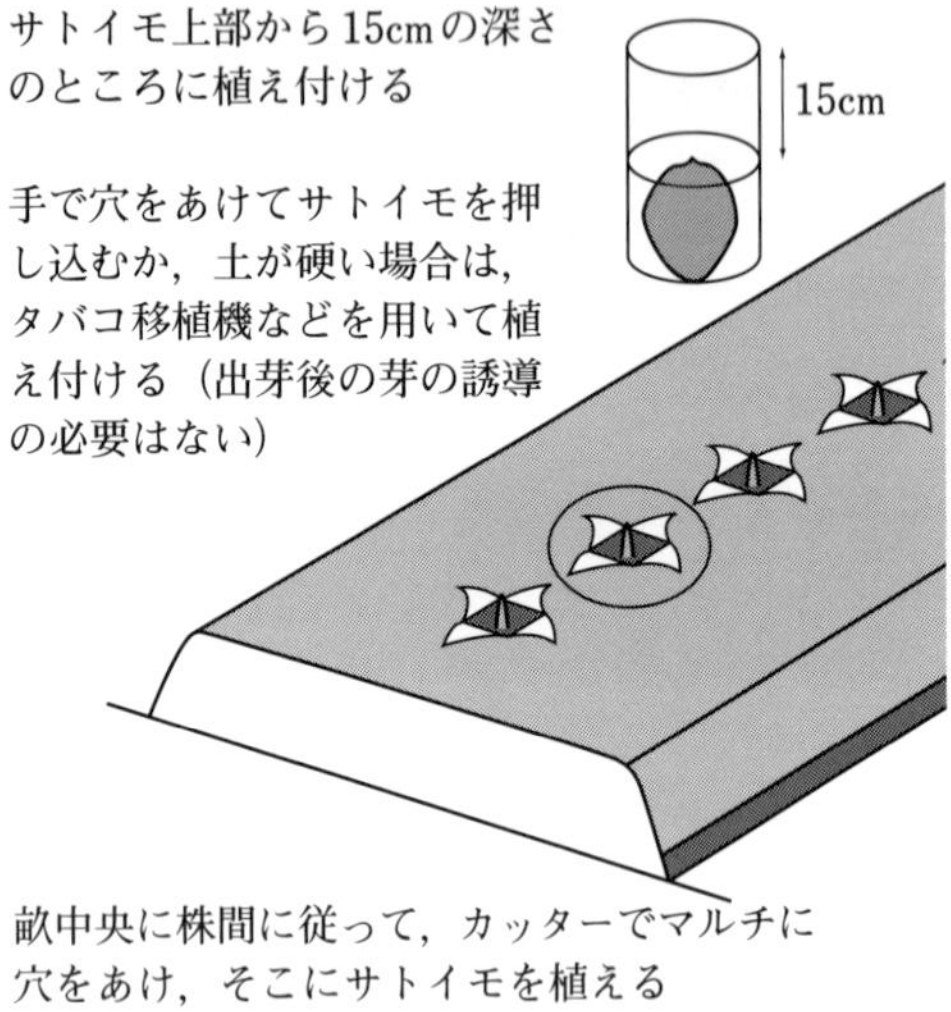
サトイモ上部から15cmの深さのところに植え付ける
15cm
手で穴をあけてサトイモを押し込むか，土が硬い場合は，タバコ移植機などを用いて植え付ける（出芽後の芽の誘導の必要はない）
畝中央に株間に従って，カッターでマルチに穴をあけ，そこにサトイモを植える

図5―7　マルチ被覆後の種芋植え付け方法

a．は深さが一定になり、作業も楽だが、出芽時に芽が焼けないようマルチ外へ誘導する。b．には、土壌が硬く種芋を押し込むのが困難な場合に、野菜やタバコ苗の移植に用いる簡易移植器で植え穴をあけながら植え付けていく方法がある。この方法は芽を外に誘導する必要はないが、植え付けに時間がかかる。

機械移植にも両タイプのものがある。なおこの場合の芋の向きは、なるべく上向きがよいが、倒れたり、逆さであったりしても生育にはあまり影響しない。

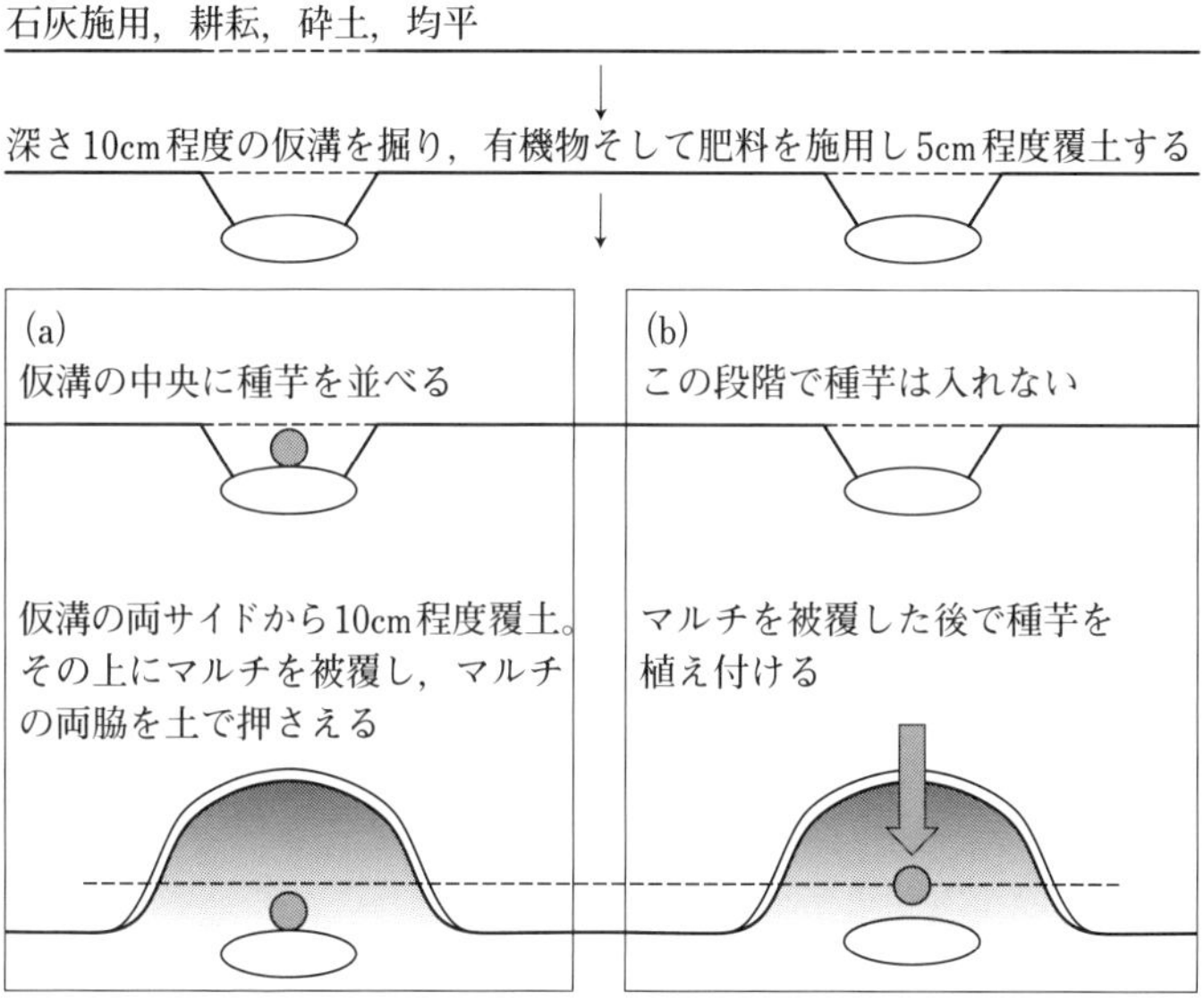
石灰施用，耕耘，砕土，均平
深さ10cm程度の仮溝を掘り，有機物そして肥料を施用し5cm程度覆土する
(a)
仮溝の中央に種芋を並べる
(b)
この段階で種芋は入れない
仮溝の両サイドから10cm程度覆土。その上にマルチを被覆し，マルチの両脇を土で押さえる
マルチを被覆した後で種芋を植え付ける

図5−8　資材の局所施用によるサトイモ植え付けの2つの方法

②水田の場合

耕起するときの土壌水分の目安

水田の場合は、圃場の排水が悪いこと、さらに団粒構造が発達していないことから、作付け前年秋に、排水対策をとっておかないと春作業がやりにくい。こうした作業を行なっても、適正な土壌水分範囲は狭いので、砕土率が低いことから二回程度耕起する。

植え付けの方法

一条植えで株間を二五～三五cm、二条植えで株間を三五～四五cmにする地域が多いが、この作型では株が大きくなるので、一条植えを原則とする。畝幅は一二〇～一三〇cm、株間は「土垂」で三五～四〇cmとし、「大吉」や「八つ頭」は株

写真5－1　サトイモの植え込み，畝立て，マルチ被覆を同時に行なえるトラクターのアタッチメント（エイブルプランター）
注）施肥機が付いたものもある

間をそれより広くする。栽植本数を多くすると、葉の相互遮蔽によって芋が小型化し、充実度も低下するからである。

作業の手順

作業手順は畑と同様だが、圃場は排水が悪く、土壌のpHが比較的低く、団粒構造も発達していない、地力窒素の発現量が少ない、などの欠点がある。そこで、前年度秋に、弾丸暗渠や額縁排水溝、さらに細かい排水溝など、圃場の排水条件によって施工しておく。

春になり、耕起から定植までの作業は、畑の場合と同様である。水田は排水が良くないので、種芋の植え付け位置は、地表面より五cm程度高いところにする。

移植作業の機械化

いま、多くの産地では移植機械（写真5―1）が使われている。この機械は、二五馬力程度のトラクターに取り付けるもので、運転者のほかに落下する種芋を調整する人が後方に乗り、芋を落とした上に覆土し、成型した後に、マルチを被覆するものである。この機械の導入によって、植え付け作業の省力および軽労化が図られている。この機械は、覆土量を一〇～一五cm程度に変えることができる。また、施肥機の装着も可能で、緩効性肥料の局所施肥を行なうことにより、追肥の必要もなくなる優れものである。ただし、種芋をマルチ被覆後に植え付けたい場合は、ナウエルなど別の機械が必要になってくる。

(8) 出芽とその後の管理——マルチの穴あけ、芽欠きなど

従来行なわれていた浅植えや催芽処理の代わりに、地温を上げて、出芽と初期生育を促進する方法としてマルチの利用が多くなってきた。ここでは、初期のマルチ利用栽培を中心に述べていく。

温暖地の四月上旬植えの露地栽培では出芽まで四五日程度かかるが、マルチ被覆で一〇～一四日促進される。マルチの被覆方法は図5―5のとおり。

また、寒地における五月植えの露地栽培では、平均気温一五℃になる時期が定植時期で、出芽まで四〇日程度かかるが、黒ポリマルチでは約五日、透明ポリマルチでは一〇日程度短縮できる。

なお、マルチ栽培には、被覆前に種芋を植え付ける方法と被覆後に植え付ける方法があり、それぞれに一長一短ある。被覆前に植える方法では、植え付け作業は簡単だが、出芽後芽が焼けないようにカッターで穴をあけて芽を外に誘導する。出芽を開始してから一〇～一四日で出芽揃いになるので、

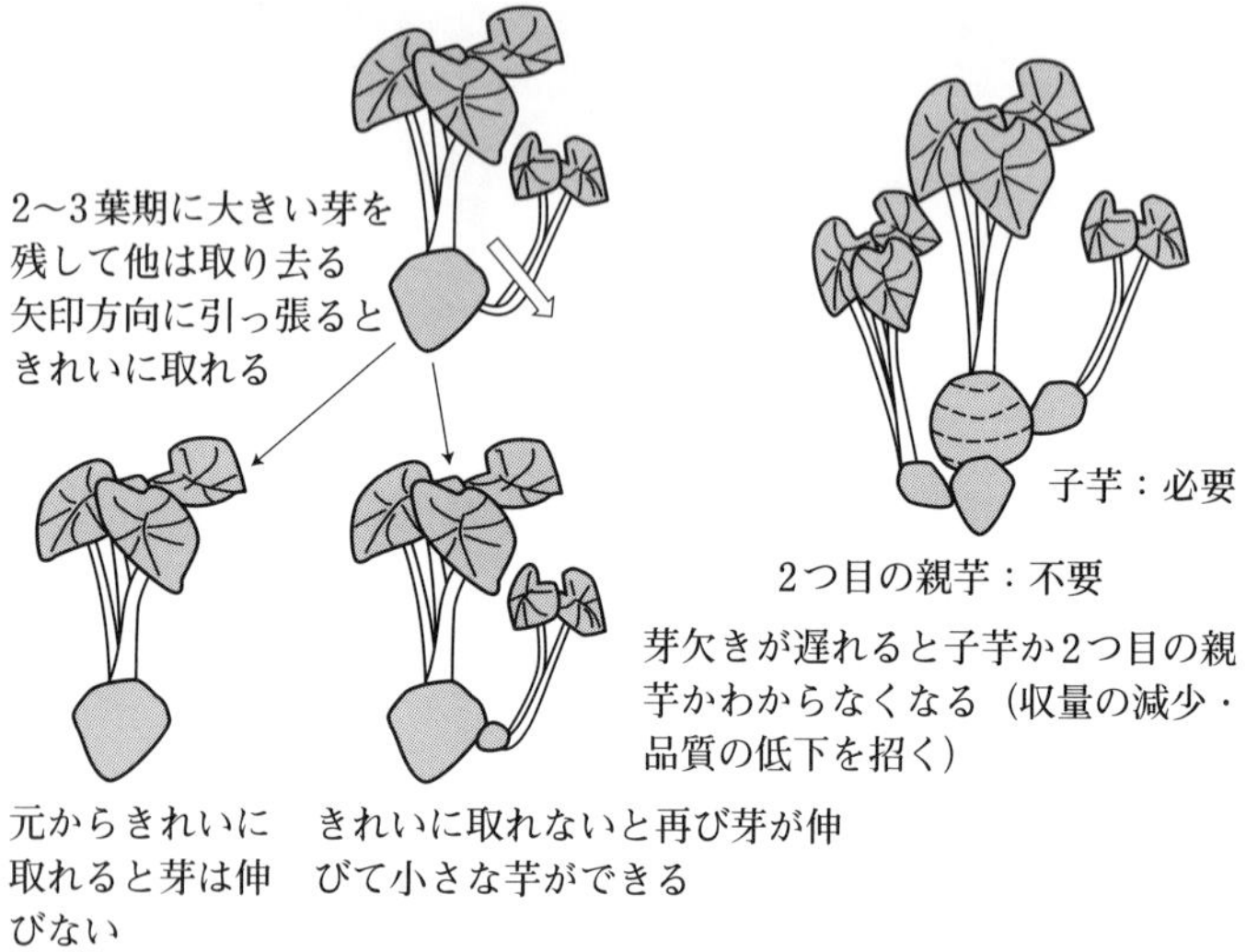
2～3葉期に大きい芽を
残して他は取り去る
矢印方向に引っ張ると
きれいに取れる
子芋：必要
2つ目の親芋：不要
芽欠きが遅れると子芋か2つ目の親
芋かわからなくなる（収量の減少・
品質の低下を招く）
元からきれいに
取れると芽は伸
びない
きれいに取れないと再び芽が伸
びて小さな芋ができる

図5－9　芽欠きの良否が生育に及ぼす影響

この間、毎朝圃場を回り、マルチに穴をあけて芽を外へ誘導する作業を行なうことになる（図5―6）。一方、被覆後に植え付ける方法は、出芽後の芽の誘導の必要はないが、植え付け作業が大変である（図5―7）。実際栽培の場面では、両者どちらが多いともいえない。

種芋から複数出芽した場合、そのままにすると各芽の基部に親芋ができ、子芋の数が減少し、小型化するので、本葉二～三枚展開した時期に、芽を一つ残して、ほかの芽を除去する（図5―9）。芽欠き時期が遅いと引き抜いたときに株全体が持ち上がり断根する場合があり、早すぎると地下部が残り、再び伸長する場合がある。

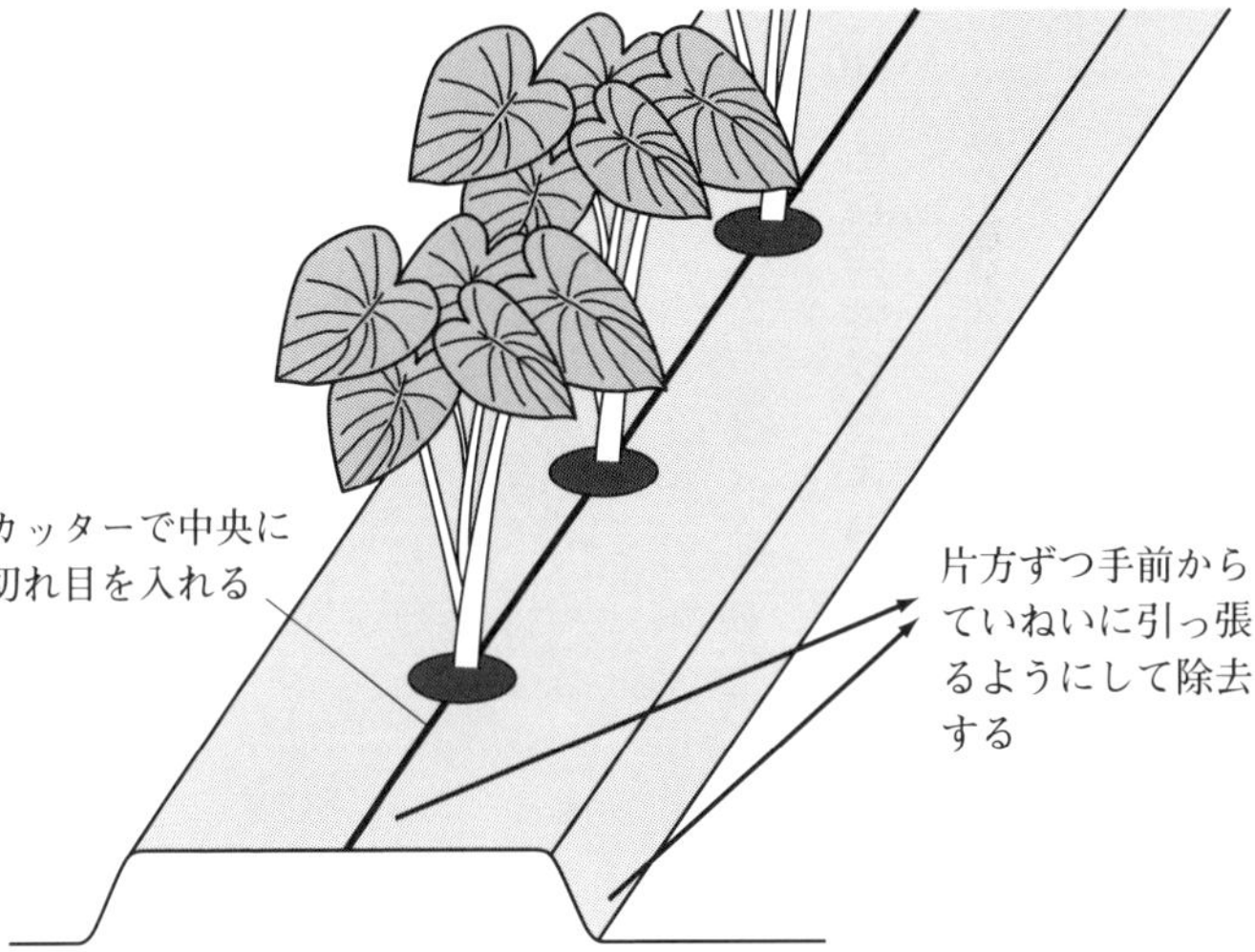
カッターで中央に
切れ目を入れる
片方ずつ手前から
ていねいに引っ張
るようにして除去
する

図5－10　マルチの除去方法

(9) 一回目の土寄せと追肥

マルチを被覆した場合は、この時期に子芋の肥大と肥大範囲を確保するための追肥と土寄せを行なう必要があるので、マルチを除去する（図5―10）。

この時期に除去するのは、これ以降は気温が高くなり、保温の必要がなくなることと、中耕・土寄せが、雑草防除も兼ねているためである。ただし、マルチ除去作業は、暑い時期の重労働であると同時に、はぎ取ったマルチの処分が大きな問題になる。

なお、マルチ除去の時期は高温乾燥時で、根が表面に集まっているため土寄せのダメージが大きい。そのため、マルチの除去後に畝間灌水をして根を畝内に張らせてから五cm

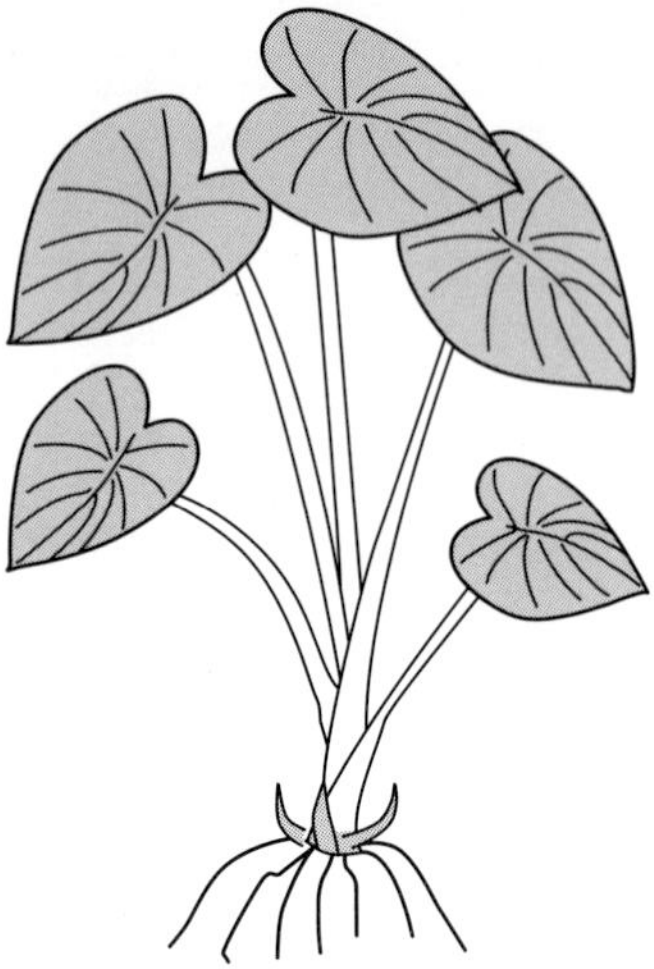

図5―11　1回目土寄せ時のサトイモ地上部の形状

①この時期まで，植物体が健全であればすべての葉が残っている（石川早生は6枚，その他品種は，4～5枚）。この時期以降，新しい葉が展開すると古い葉が枯れていく
②この時期には，子芋が分化し，肥大を開始する

程度の土寄せを行なう（図5―11）。

この時期までの生育が順調であれば、葉がすべて残っている（「石川早生」の場合は六枚、ほかの品種は四～五枚）。そして、葉位が進むにつれて葉が大きくなり、このころまでに畝面の六～七割程度を被覆する。

(10) 生分解性フィルムの利用

夏の暑い時期のマルチ除去作業は、生産者の体力的負担とマルチの処分のための環境負荷が大きな問題になっている。こうした問題を解決する手立てとして、生分解性フィルムが開発された。

生分解性フィルムは、強度や崩壊性の改良が進み、サトイモの栽培に適したフィルムを選択することにより、ポリマルチと同等かそれ以上の効果が期待できるようになった。ただし、このフィルムの代金は三倍以上と高価である。

「女早生」で生分解性フィルムの種類を調査した事例では、透明ポリマルチと比べて最高地温の高い資材があり、地温の高い資材ほど出芽も早くなり、初期生育も優れ、総収量、上物収量が増加するとの結果を得ている。

なお、生分解性フィルムの崩壊性は、原料の種類によって異なるが、普通栽培に使用した場合、七月上旬ごろから地際部で始まる。

(11) 梅雨明けからは灌水が必要

マルチを除去して一回目の追肥・覆土をした後に梅雨が明けて、気温が上昇し、降水量も少なくなる。この時期は、サトイモの生育が旺盛で水分要求量が多くなるだけでなく、土壌から直接水分が蒸散するので、十分な水分供給（週一〜二回の走水灌水）が必要である。十分に水分を供給し、葉が大きくなると畝面を覆うようになり、畝面が日陰になるので雑草の伸長が抑制され、土壌水分の蒸散も抑制される。

しかし、水分が不足して葉が萎れると、回復せずに枯れてしまい、生育は著しく抑制される。また、萎れないまでも、水分不足によってカルシウムの吸収が抑制され、芽つぶれ症などの生理障害発生リスクも高まってくる。

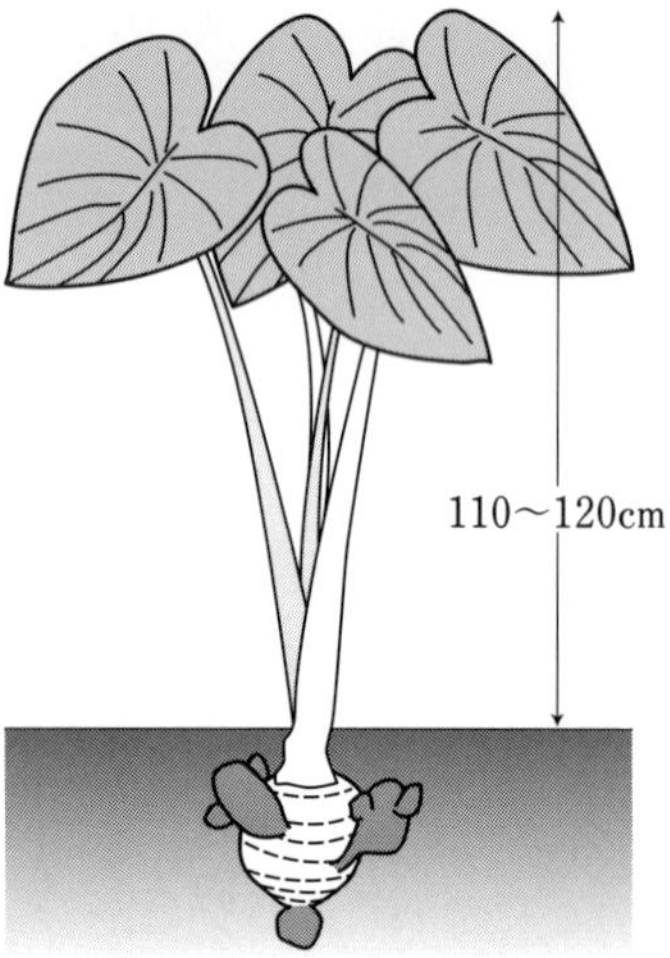

図5－12　2回目土寄せ時のサトイモの形状

①土垂で4～5枚の葉が着生しており，葉柄の長さは110～120cm程度である
②その後展開する葉もこれ以上に長くならないし，葉数も増加しない（新しい葉が1枚展開すると古い葉が1枚脱落する）
③畝面近くに分布する孫芋が肥大を開始するので，孫芋肥大スペースを確保する

(12) 二回目の土寄せと追肥

二回目の追肥と土寄せ時期は、一回目追肥の一カ月後（七月下旬から八月上中旬）である。追肥は孫芋の肥大のための肥料で、追肥後の一〇cm程度の土寄せは、孫芋の肥大部分を確保するためのものである。二回目の土寄せが一〇cmと多いのは、子芋からの出芽を抑えるためである。ただし、この時期の土寄せは、根が切れて、軟腐病などの病害の発生を助長することもある。

この時期の健全なサトイモは、「土垂」で四～五枚の葉が、「石川早生」で六枚程度の葉が着生しており、葉身の圃場被覆率はほぼ一〇〇％。また、葉柄の長さは一一〇～一二〇cm程度で、その後展開

表5−2　生育ステージと生育診断

時期	生育ステージ	目標とする生育	目標達成のためのポイント
5月中〜下旬	出芽期	出芽揃いが良好 芽が1本で太い	柔らかく水持ちの良い土壌をつくる 健全な種芋を使って大きさを揃える 適切な植え付け時期と植え付け深度 晩霜害とマルチ焼けの回避
6〜7月	土寄せ期	下葉が健全で残っている 新しい葉が前の葉より大きい 葉の形はやや丸めである 子芋からの葉が小さい	適切な基肥と追肥の施用 土寄せによる断根に注意 灌水（適切な土壌水分管理） 病害虫防除：ヨトウムシ類とコガネムシ
8〜9月	生育盛期	葉柄の長さが110〜120cm程度 健全な葉が土垂で4〜5枚，石川早生で6枚ついている 葉は大きく肉厚で，株元が太い 子芋から萌芽した葉の葉柄が短い	定期的灌水（適切な土壌水分管理） 排水対策，強風対策 病害虫：ヨトウムシ類とハダニ
10〜11月	芋肥大期〜収穫期	葉はやや細長く色はやや薄くなり上を向く 親芋の葉柄は健全で太く株元に地割れが入る 子芋の葉が先に枯れ，次に親芋の葉が枯れる	

する葉もこれ以上に長くなることはない（図5−12）。

この時期に地上部優先の生長から芋肥大優先の生長に転換する。この時点で窒素を切らすことによって、芋の肥大が促進され、葉色が若干淡くなり、葉が縦長になる。しかし、葉色が急に薄くなり、地上部が小さくなるようであれば窒素不足なので施用量を増やす。逆に葉色が濃緑で丸めの形をしていた場合は窒素施肥量を減らす。なお、生育後半に窒素を控える場合でも、カリは通常どおり施用する。

以上が収穫までの作業である。収穫に入る前までのステージ別の生育目標（表5―2）に対し、実際の生育がどうであったかを振り返ることも次年度の栽培に向けて必要なことである。

写真5－2　収穫時期のサトイモ圃場

(13)　収穫適期と方法

芋の収穫は、地上部が枯れ込む時期（写真5―2）まで待つ。これは、地上分の養分が芋に転流し、根も枯れ込んでくるためで、収穫作業もやりやすくなる。しかし、地温が六℃以下の日が長く続くようであればその限りではない。

収穫時期にかかわらず、雨天直後の収穫は絶対に避ける。これは、断根面が傷口になって病害発生を助長するためである。

なお、北陸や東北地方では、以下の理由から秋の収穫が主体になる。

①降雪により、圃場での作業ができない。

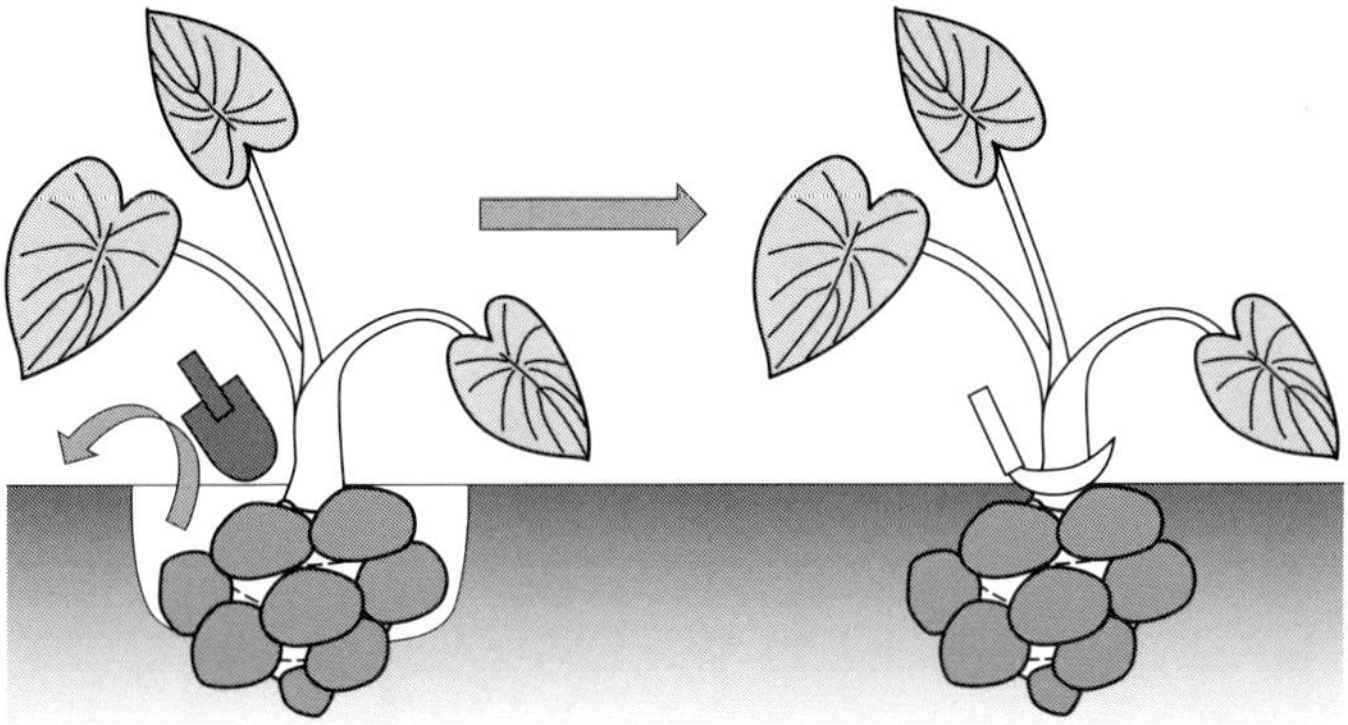

株元の土を除き，子芋，孫芋の肥大，孫芋の着生状況から収穫時期を判断する

収穫適期になったら地際近くで地上部を切り取る。連作障害を助長するので，切り取った葉はなるべく圃場外へ持ち出す

図5－13　試し掘りと地上部の除去

②凍結によって芋の腐敗が発生する。
③秋の気温が高い年は、曾孫芋が肥大を開始する（充実度の悪い芋が着生）ので、その前に収穫する。

西南暖地では圃場で越冬させ、定植直前に掘り上げる事例もあるが、通常は、出荷との関係で決まる。

収穫の手順

試し掘り（図5―13）により、時期が適切であるかどうかを確かめてから収穫を開始する。まず、地上部を刈り払い機などでできるだけ短く切り落としたほうが作業はやりやすい。

作業は溝側から行ない、株のまわりの土を、芋を傷つけないように除き、株の向こう側に鍬を入れて、テコの原理を利用して株を持ち上げ、根を土から離す（図5―14）。地上部が元気だ

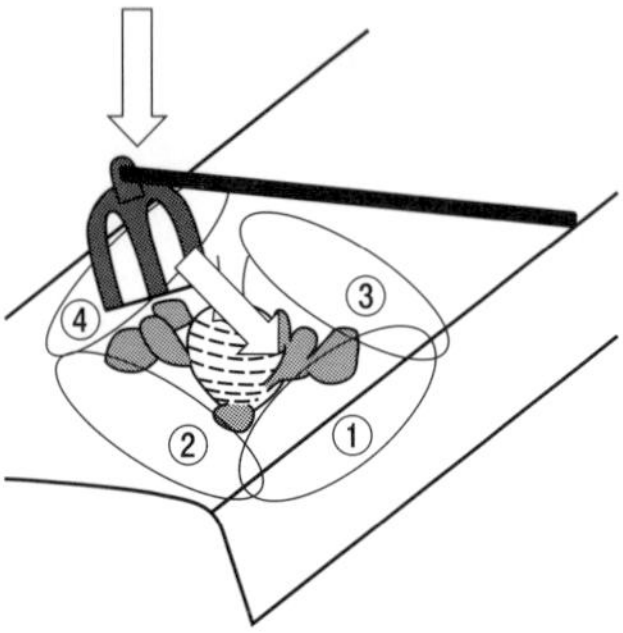

A：①：株の手前の土を鍬で通路側によける（15cm程度）
B：②③④：株の左右および後方の土を鍬でよける（15cm程度）
C：鍬の刃先を④の部分から株の下に打ち込むようにし（20cm程度），テコの原理で鍬の柄を向こうへ押す
D：株が地面から離れるので，次は鍬の柄を手前下方に引くと，テコの原理で株は手前にころがってくる

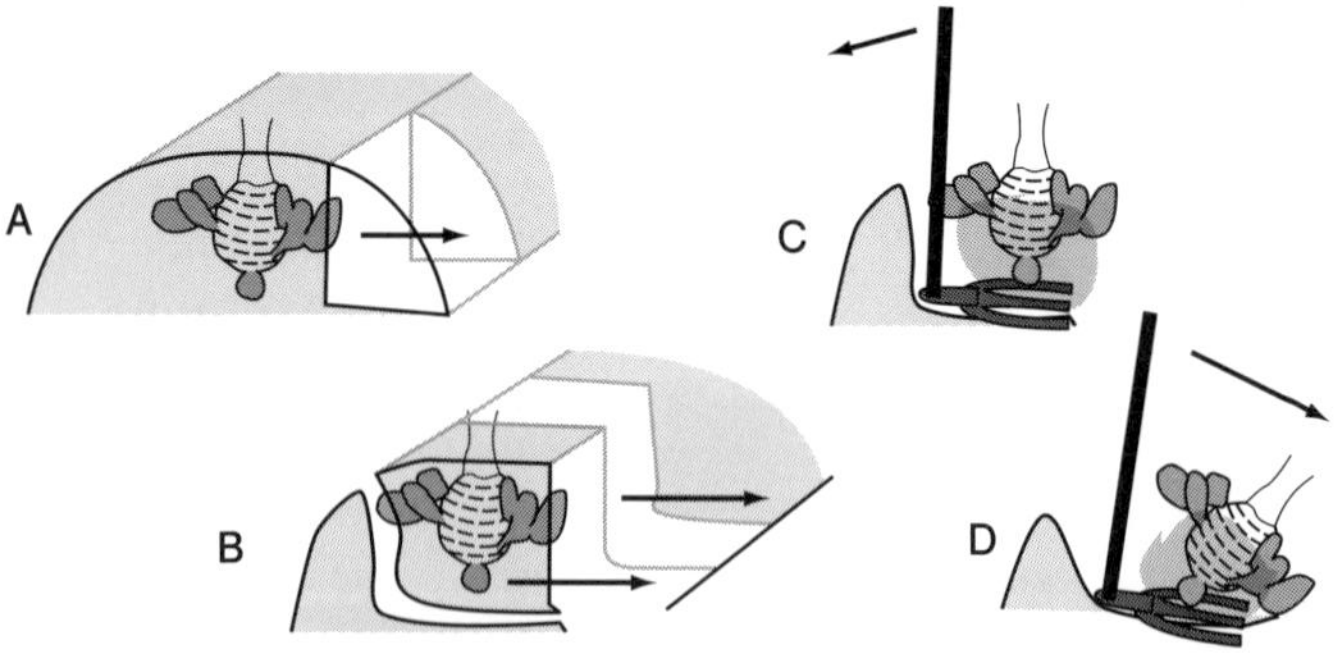

図5−14　サトイモの掘り取り方法

と根も頑丈であることから、低温障害を受けないぎりぎりまで圃場に置いたほうが手作業はやりやすい。

なお、露地栽培の収穫適期が霜に一〜二回あった後とされるのは、霜で地上部が枯れると同時に根も枯れるためで、根が元気だと、根が多くの土を抱えていることから収穫作業に力が必要となり、さらに、新鮮な根の切断面ができることから、病原菌が侵入する可能性が高いためである。

機械による収穫・出荷調製

手作業が主体であった時代は、収穫が最も重労働で、調製作業に最も時間がかかった。そして、生産費のなかで労賃が最も大きなウエイトを占める今日、この部分の省力が、サトイモの低コスト化に大きく影響する。現在は、収穫・調製用のさまざまな機械が開発されているので、そのなかから自分の経営にあったものを選ぶ。

地上部の除去

掘り取り作業の前に、地上部を除去する必要がある。収穫時期になると地上部がしだいに枯れて貧弱になるので、鎌や刈り払い機で刈ることが可能である（一般的には鎌で刈る人が多いようである）。しかし、一日の掘り取り量が多い場合や地上部がまだ青々としている場合は、草刈り用のフレルモア（写真5―3）、スライドモアなどを用いると簡単にできる。ただし、これらの機械は、地上部を細かく刻む（圃場にすき込む）ことになるので、病害の発生が多い圃場ではなるべく地上部を圃場外へ持ち出すようにする。

写真5－3　フレルモアによる地上部除去作業

収穫

掘り取り機としては、トラクターのアタッチメントとしての掘り取り機がある。一般的には、自走式機械は専用機で、トラクターのアタッチメントよりも高価である。トラクターのアタッチメン

写真5−4　サトイモ掘り取り機による掘り取り作業

写真5−5　粘質圃場用掘り取り機

トとしての掘り取り機（写真5—4）は、掘り取った株をそのまま地表面に並べていくだけだが、天気の良い日には、圃場で親芋と子芋を分離し、その後作業舎へ運ぶもので、一般的にはこちらのほうが多く使われている。なお、大きい石の多い圃場や、粘土の多い圃場用に改良した掘り取り機もある（写真5—5）。

なお、親芋と子芋の分離は、手作業が多いようだが、収穫前に畝面（下に株がある）をトラクターの車輪で踏みつける方法もある。ただし、芋が密に着生する「石川早生」では効果は低いようである。

圃場からの搬出

通常軽トラが多く利用されているが、これまでは圃場の中央に作業用通路をつくり、収穫物の近くまで軽トラが入れるようにしていた。しかし、この場合、圃場が無駄になること、圃場が乾いていないと軽トラのタイヤがはまり込んでしまうなどの不都合がある。

今日では、ほとんどの生産者は軽トラを持っているので、圃場が比較的広い場合は、圃場内への搬入路のほかに車が通るだけの作業道を中央につくっておくと、収穫物の搬出だけでなく、薬剤散布などもやりやすくなる。最近は、トラクターのアタッチメントとしてのフォークリフトが開発され、圃場内を自由に走れることから、注目を集めている。

なお、機械は便利だが、高価なので、その後の出荷調製作業や販売との関係を十分に考慮すると同時に、共同購入・共同利用も視野に入れたいものである。

(14) 出荷のための調製方法

収穫したサトイモは、種芋と春先出荷用芋になる株を除いて、貯蔵しないで調製した後、出荷される。多くの産地では、子芋・孫芋の分離までは個々の生産者が行ない、選別は、共同購入した選別機で行なわれることが多い。出荷のための調製作業は、重労働ではないが、時間がかかることと、個人による差が大きく、選別基準が甘くなると市場評価が低下する（低い階級に位置付けされる）ことから、ほとんどの産地で共同選別が行なわれている。個人で栽培をする場合も、近くに共同選果場がある場合は、それを利用することを勧める。

サトイモの選別は、まず子芋、孫芋に分離された芋を入れると、土落とし機（写真5―6）で土が

写真5−6　サトイモ土落とし機

写真5−7　サトイモ除根，毛羽取り機

よけられ、次いで芋に付着した根や毛羽が除去される（写真5—7）。この作業は土ぼこりが舞い上がり、作業に携わる人の健康を損なう恐れがあるので、最近ではこうした区画をビニールで覆い、上部から土ぼこりを吸い上げて、フィルターを通し、浄化した空気を外に排出している。

次に、等級別に区分する。等級には、A（秀）とB（優）がある。Aは、同一品種で、品種固有の形状を有し、変質せず、病害および障害がなく、土砂などの異物の付着が軽微なものである。Bは、同一品種でAに次ぐもので、曲り芋、長芋、くびれ芋、尻細芋、欠き口のある芋などである。規格外でかろうじて出荷対象となるのは曲り芋で、歪み芋、せみ芋（肥大不良扁平芋）、青芋や頭芋（ガシラ化芋、親芋のようになる）は出荷できない（図5—15）。なお、等級選別は、ほとんどの場合人力による作業である（写真5—8）。

〈等級区分〉

A：同一品種で，品種固有の形状を有し，変質せず，病害および障害がなく，土砂などの異物の付着が軽微なもの

B：同一品種でAに次ぐもの

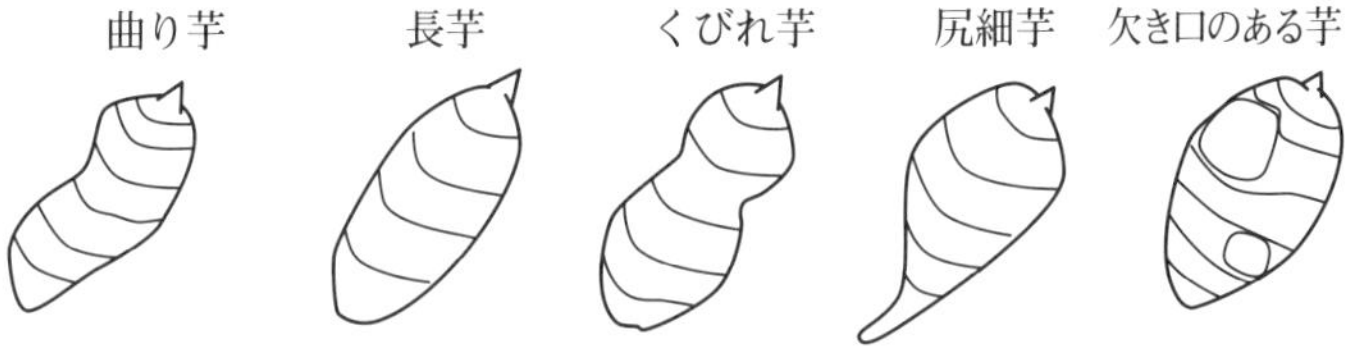

〈階級区分（重量選別）〉

区分	2L	L	M	S
1個の重量	90g以上	60～90g	30～60g	30g以下

図5－15　サトイモの出荷規格

写真5－8　サトイモの等級分け
（人力による）

その後、階級選別を行なう。サトイモにはS、M、L、２Lなどの規格があるが、品種や作型により大きさが異なることから共通した規格はない。例えば富山県では、早熟栽培した「石川早生」と普通露地栽培の「大和早生」（土垂群）の規格が異なることから、前者の出荷終了後に機械を調整し、「大和早生」

写真5—9　サトイモの形状選別機

の選別を開始している。選別方法には、重量選別と形状選別法がある（写真5—9）。

親、子、孫芋の分離は、手作業による場合が多い。芋と芋の間に手を入れ、こじ開けるようにすると簡単に分離できる品種もあるが、親芋のまわりに子芋がびっしり付着している品種は、芋の間に隙間がないので、収穫後二〜三日乾燥させ、芋の間の土が乾いて落ちた後がやりやすい。

比較的省力的な分離方法として、圃場が乾いた状態で、トラクターのタイヤで畝面を走行する方法がある。これは車輪圧でサトイモにひずみが起きて親芋と子芋を分離するものだが、親芋のまわりに子芋がびっしり付着している品種（俗に親責《おやぜめ》といわれる品種）は、ひずみが生じないので分離しにくい。

(15)　芋茎（ズイキ）の収穫

芋茎用として「八つ頭」や「唐芋」が栽培される。芋茎は原則的には地上部が大きくなればいつでも収穫できるが、一般的には地上部が十分に大きくなった九月以降に一部の葉を残し、葉を地際から

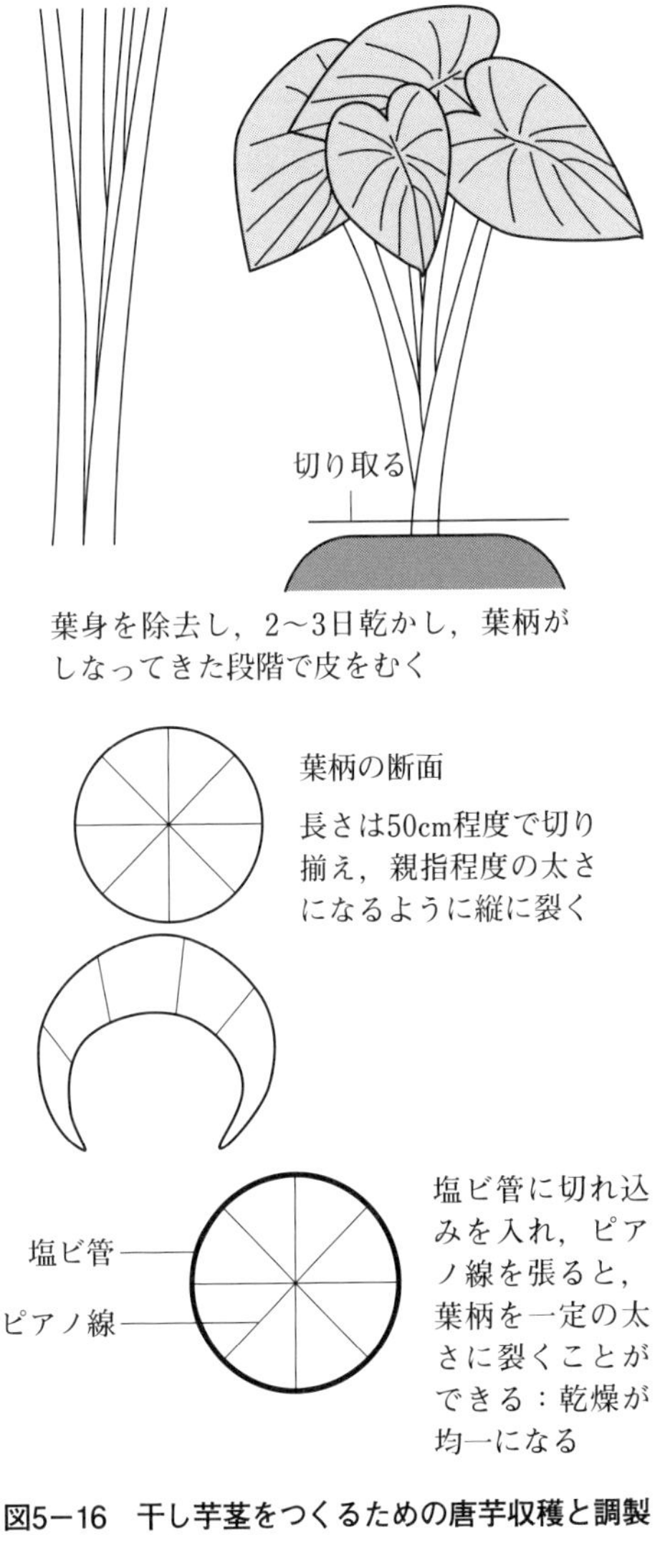
切り取る
葉身を除去し，2～3日乾かし，葉柄がしなってきた段階で皮をむく
葉柄の断面
長さは50cm程度で切り揃え，親指程度の太さになるように縦に裂く
塩ビ管
ピアノ線
塩ビ管に切れ込みを入れ，ピアノ線を張ると，葉柄を一定の太さに裂くことができる：乾燥が均一になる

図5−16　干し芋茎をつくるための唐芋収穫と調製

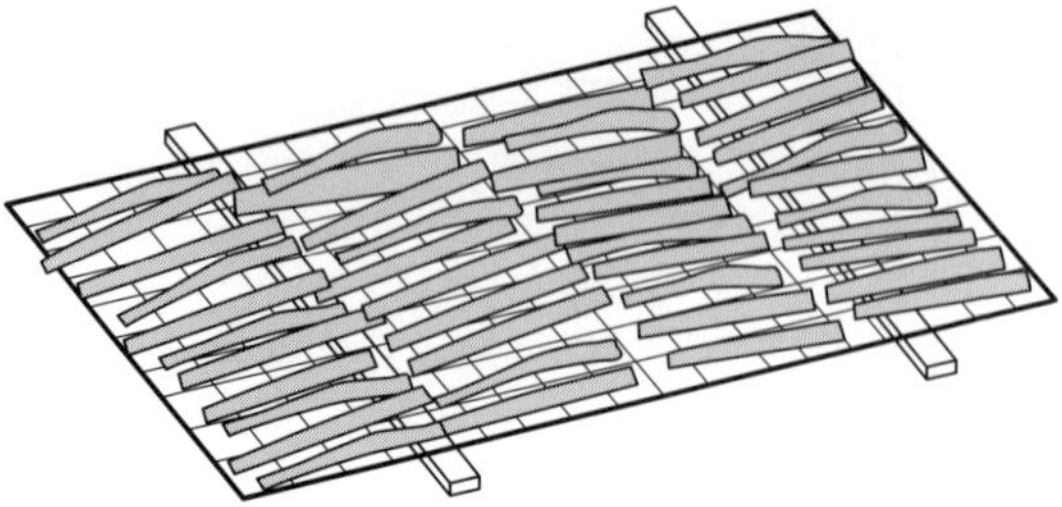

1.8m×0.9mの網戸を使い，網戸の下に垂木を挟みこむ
調製した芋茎を網戸の上に載せて乾燥させる
（利点：乾燥が早い，雨のときの取り込みにも便利）

図5−17　干し芋茎の乾燥方法

切り取る。

干し芋茎は、収穫した葉の葉身部分を取り去り、葉柄部分の皮をむいて、適当な太さに切り分けて天日で乾かすものである（図5―16、図5―17）。早めに収穫し、親芋付きの生で出荷する場合もある。地域によってはお盆の料理の一つ（生酢）である。

「八つ頭」や「唐芋」は、親芋と子芋生産用に栽培する場合もあるが、葉柄の収穫が目的なので、葉柄を大きくするために、一条植えで株間をやや広めにして栽培する。窒素肥料を多用すると葉は大きくなるが、クロロフィルが発現し、芋茎の品質が低下してしまう。

(16) 貯蔵方法

サトイモには、生理的な休眠はなく六℃以下で低温の障害を受け、一〇℃以上で芽が伸長して呼吸も旺盛になる。このことから、貯蔵適温は八±一℃で、湿度は九〇～九五％程度（絶対に結露しない）がよい。結露すると、庫内の水分がムラになりやすい。

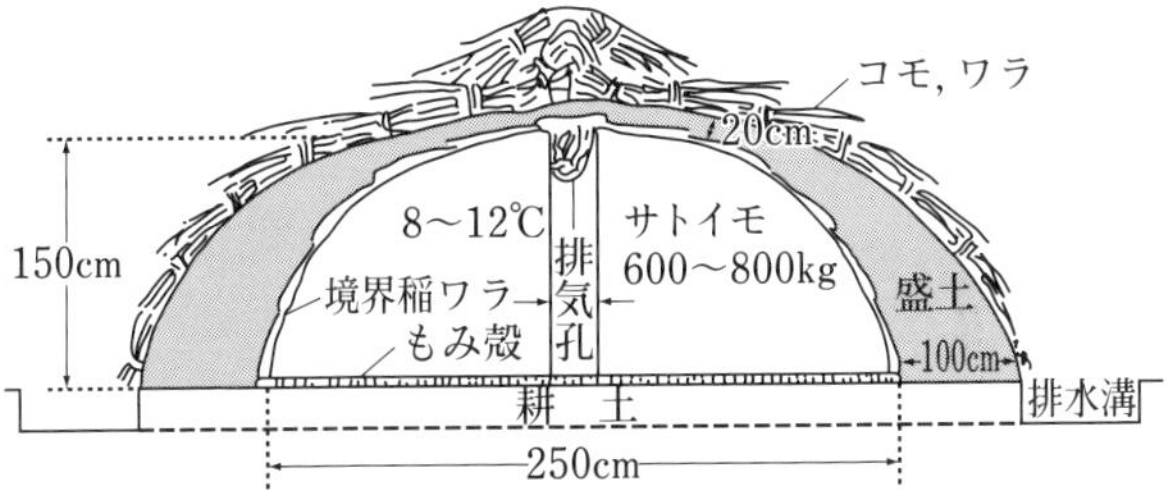

周囲に，排水用の溝を掘りその土で溝内部を高くする
その上にもみ殻を敷いて周囲より15cm程度高くする
その上によく乾かした株を逆さにして円形になるように株をびっしり並べる
中央には排気孔をつける
芋の上にもみ殻と土をかける（厚いほうが外気の影響を受けない）
その上に雨が染みないようワラを円錐状にかける

図5−18　東北，北陸，中山間地域におけるサトイモの屋外貯蔵（土まんじゅう貯蔵）

地中の温度・湿度が比較的安定しているので、圃場に穴を掘り、底から順次株を逆さにして並べる方法が多い。降水量の多い地域では、地上に土・もみ殻を敷いた上に株を並べ、最上部に土・もみ殻で断熱し、ワラで雨よけをする屋外貯蔵法もあった。

(17)　地域別伝統的屋外貯蔵法

①東北、北陸、中山間地域の場合

屋外貯蔵（土まんじゅう方式）　掘り取った株は、七〜一〇日間仮貯蔵し、呼吸熱を発散させた後に本貯蔵をする（図5―18）。

仮貯蔵　耕土を均平にし、直径二五〇cmくらいの円形にもみ殻を五cm程度の厚さに敷く。この円の中心に直径二〇〜三〇cmの竹束をたてて排気孔になるようにし、この

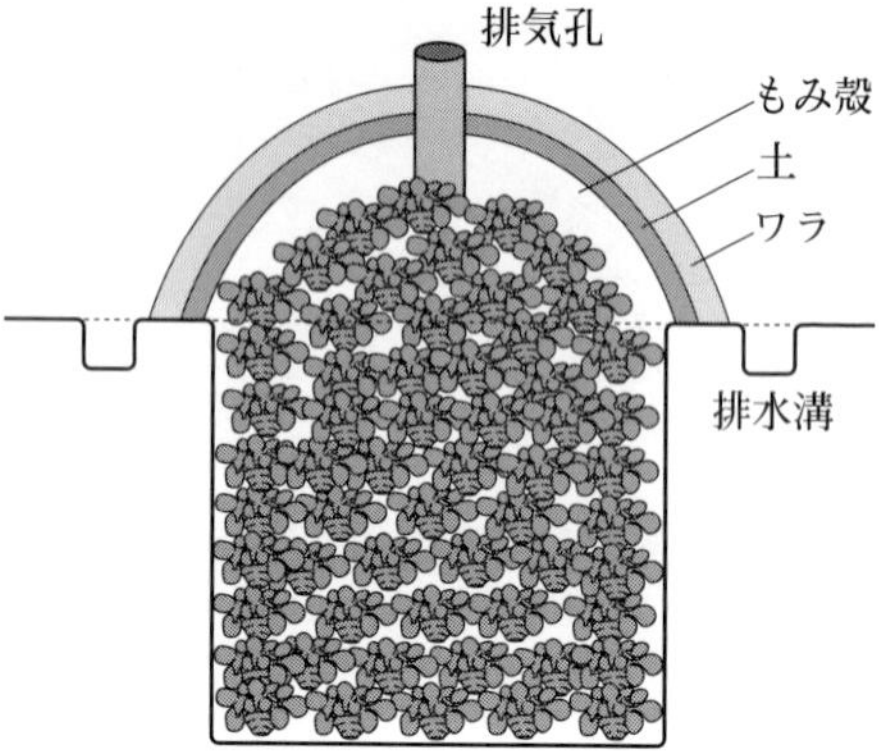

図5−19　関東から九州にかけてのサトイモの屋外貯蔵法
屋根のつくり方は土まんじゅう方式と同じ

まわりに芋を積み上げる。積み終わったら竹束を抜いて排気孔をつくりコモやワラで覆う。降雪量が多い地域では、芋に降水の影響がないよう土まんじゅう周囲に溝を掘るだけでなく、芋を設置する部分を圃場地盤面の平均の高さより五〜一〇cm高くし、さらにその上にもみ殻を敷く。その上に乾燥した株（未分離をした株）を逆さにしてびっしりと並べ、積み上げた後、もみ殻と土をかけてまんじゅうをつくり、雨水を外に誘導するための藁屋根をかける。なお、藁屋根は、風で飛ばないよう縄などでしっかり固定する。

本貯蔵　仮貯蔵時のワラを除き、芋と盛土の境界を区別する敷ワラをし、排気孔をワラで軽く塞ぎ、芋山に盛土をする。盛土の表面をよく鎮圧した後にワラを被覆し、張り縄でしっかりとしめる。排水溝を整備し滞水しないようにする。

②関東から九州の場合

冬期の温度が比較的高いので、正月ごろまで圃場に置いたままでも収穫と出荷ができる。これらの地域では、冬の降水量が比較的少ないので、長期間貯蔵する場合は排水の良い圃場に貯蔵穴をつくって貯蔵する（図5―19）。地中温度は比較的安定しているが、気温が低い場合は厳寒期に一〇～一五cmの覆土を追加し、さらにワラを被覆する。雨水を植穴の外に誘導できる構造になっている。

③関東南部以西の平たん暖地

最低気温が五℃を下回らない地域では、畑に置いたまま収穫せずに畝の上に盛り上げる程度で越冬する。最低気温が五℃を下回る可能性がある場合は、株の上に防寒用の土やもみ殻などを被覆する。

さて、土壌中の温度と湿度は比較的安定しているとは言え、気象変動の激しい今日では、低温による障害や高温による出芽などのトラブルが多い。そのため、最近は、ハウスや納屋の一部を区切り、内部を八±一℃で制御する方法が採用されている。この場合、床面の温度が低いので、発泡スチロールや段ボールで床面を断熱し、その上にもみ殻を敷き、その上に収穫した株を並べ、さらに上部をもみ殻で被覆する。温度範囲が狭いので、センサーによる温度制御を行なって、局部的に過湿や過乾燥にならないようチェックし、場所を変えるなどの気配りが必要である。

屋内貯蔵（貯蔵庫利用）

掘り取り後、株のまま農舎に取り込み、七～一〇日間乾燥して呼吸熱と過剰な水分を発散させた株を貯蔵する。その後、コンテナなどに入れ、温度を八℃に設定した貯蔵庫に積み上げる。乾燥が不十分だと貯蔵後に湿度が上昇し、庫内が結露し、病害が発生して貯蔵率が低下することがあるので注意

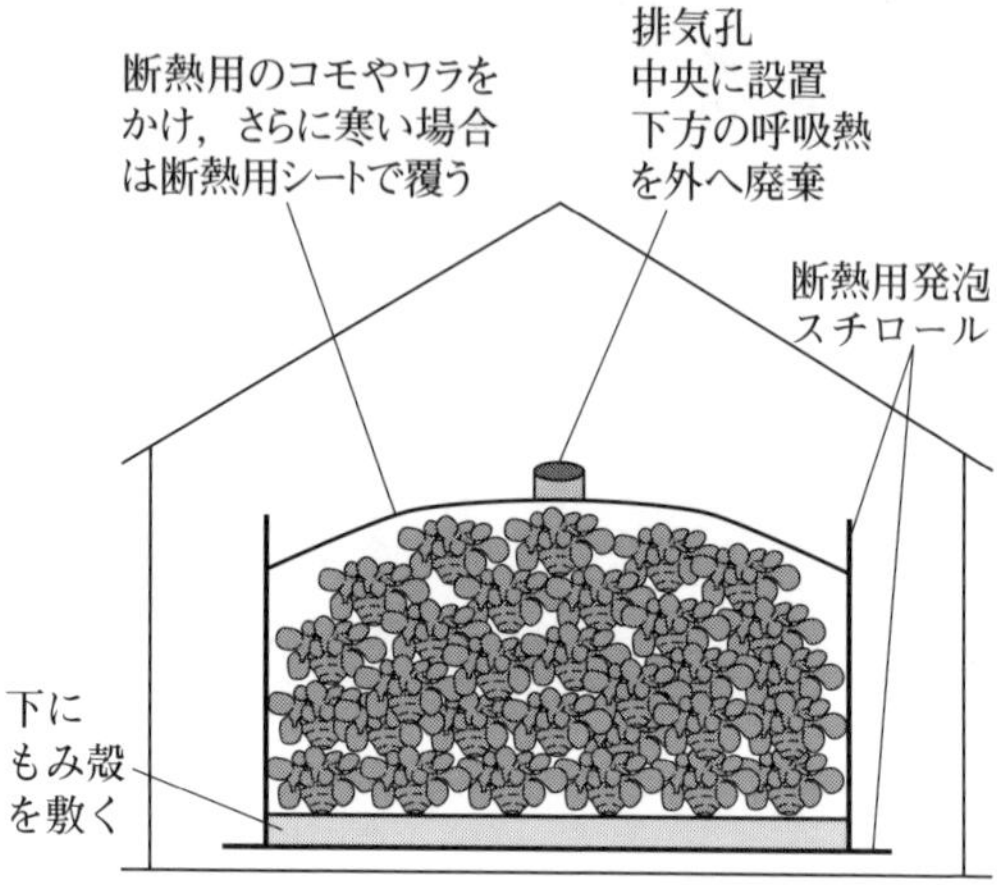

図5－20　サトイモの屋内簡易貯蔵

する。

屋内簡易貯蔵

地域にもよるが、温度調節ができる貯蔵庫がない場合でも、できるだけ気温が低下しない場所を選べば貯蔵は可能。貯蔵用株を積み上げる床面と側面に発泡スチロールの断熱資材で枠をつくり、そこに乾燥した株を積み上げる。この際内部の湿気や芋の呼吸による温度上昇を防ぐため、中央部に排気孔を設置する（図5―20）。適温は八±一℃で、七～一〇日ごとに検温し被覆資材などで温度調節する。貯蔵前期は高温多湿になりやすく、貯蔵後期は農舎内の温度変化が激しくなる。貯蔵後期では、外気温の変化が貯蔵温度にも影響するので、断熱を徹底する。温度が極端に低下する場合は、簡易な加温を行なう必要もある。

ポリエチレン密封貯蔵（貯蔵庫利用）

温度調節ができる貯蔵庫では、ポリエチレン袋を利用した密封貯蔵が腐敗防止に効果的である。いわゆるサトイモのＣＡ貯蔵のようなもので、通気性のあるポリエチレンにより袋内の二酸化炭素濃度を上げ、酸素濃度を下げることにより種芋の呼吸を抑制し鮮度を維持する方法。十分に乾燥した株を、分離せずに一〇株程度をポリエチレン袋（厚さ〇・〇五㎜）に入れ、手で押さえるなどして余分な空気を出し、袋の口を縛って密封状態にして貯蔵する。貯蔵温度は八±一℃とする。貯蔵中のポリエチレン内部は芋の呼吸によって酸素濃度一〇％、二酸化炭素濃度六％前後のＣＡ貯蔵状態になる。貯蔵後の出芽率は高く、密封することによるガス濃度障害は認められない。また、貯蔵中の水分蒸散が抑制され、貯蔵後の重量減少はほとんどない。貯蔵性向上の理由として、貯蔵中の芋の呼吸と水分蒸散が抑制され、芋の消耗が抑えられるためだと考えられる。

(18) 貯蔵出荷

貯蔵出荷に至るまでの貯蔵方法は、地域の気象条件によって大きく異なる。温暖地でも比較的温度の高い地域では、収穫株を圃場に積み上げ、必要に応じて株を作業舎に取り込み、芋を分離した後、出荷している。

なお、温暖地でも比較的温度の低い地域では、貯蔵庫があれば貯蔵出荷は簡単にできるが、貯蔵庫のない屋内でも、十二～二月の冬期に出荷することは十分可能である。この期間に出荷するのであれば一時的に六℃以下の低温に遭遇しても腐敗することは少ないので、貯蔵方法も種芋ほど厳重な保温にこだわる必要はない。

貯蔵前の乾燥処理などは種芋貯蔵と同様に行なうが、随時株を取り出すので、作業の妨げにならない程度にもみ殻とシートなどで被覆しておけば作業は容易である。

掘り取った芋は、親芋から分離し、規格別に選別して出荷する。ただし、貯蔵出荷の場合、芋の分離面が乾腐病などで赤変していることが多いので、選別時に取り除く。

2 マルチ早熟栽培

(1) 圃場の選択と排水対策

この作型では、芋の肥大最盛期が梅雨明け後と重なるので、いつでも灌水ができる圃場を選ぶ。また、高温条件下で施肥、土寄せ、定期的な灌水を行なうことになり、土壌病害（軟腐病など）が発生する可能性が高い。そのため、排水の良好な圃場を選び、三〜四年輪作体系に従った計画を立てて栽培するようにする。土壌病害が発生した圃場は、ローテーションから一〜二回外したほうが安全である。

(2)　種芋の催芽処理

催芽処理を行なうと生育が促進され、出芽が揃うので、収穫期を早めたいこの作型では有効な手段である。

ビニールフィルムで被覆したトンネル内で催芽した場合は一五～二〇日間程度で三～四cmの出芽苗になる。温暖地や暖地では、温度環境により、マルチやトンネルなどの被覆資材は省略できる場合もある（具体的な手順については「1　普通露地栽培　(3)　種芋の消毒と催芽処理」を参照）。

催芽した苗を用いる上での問題点は、植え傷みである。発根した催芽苗は根が切れたり、乾燥したりしないように注意しながら本圃に植え付ける。個々の種芋を一〇・五cmポリポットに入れて催芽処理すると、処理面積は大きくなるが、断根の心配はなくなる。

(3)　土づくりと深耕、基肥の施用

普通露地栽培とほぼ同じだが、梅雨明け後の高温乾燥に耐えるよう、より作土の深い圃場を選択し、有機物を施用して、深耕することにより根を深くまで張らせるようにする。地中深いところのほうが土壌水分は安定しているからである。

収穫時期を前進させる作型では、普通露地栽培より生育期間が短く、収量も少ないので、肥料の施

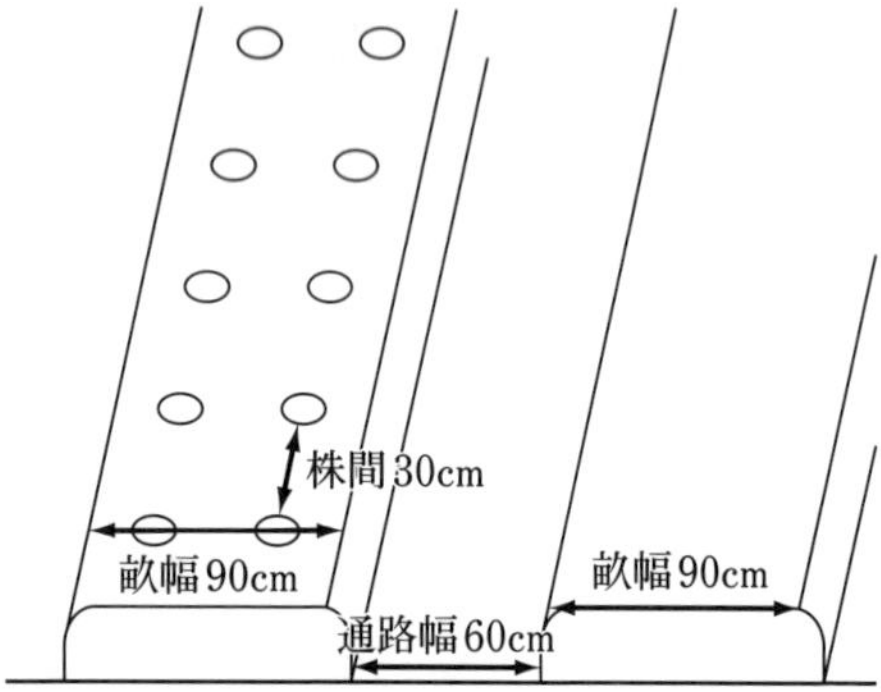

図5―21　早熟栽培でのマルチ被覆方法
（被覆前）

以下の手順で作業を行なう
①土が乾きすぎていたら前もって灌水する
②土が乾いた段階で，必要な土壌改良資材および肥料を施用し，耕起後畝をつくる
③マルチを被覆する
④土が温まったら，マルチの上から，手もしくはタバコ移植機で種芋を植える

用量を減らす。特に、子芋だけを収穫の対象とする場合は、追肥を一回とすることが多い。

(4) 植え付け適期と方法

植え付けてから、出芽までの日数は、気温によって異なるが、温暖地（関東地方）で催芽しない場合は三五～四〇日、催芽した場合は一週間程度が目安である。

温度の低いところでは、マルチ被覆によって床土を温めてから植え付けることになるので、基肥施用はマルチ被覆前、種芋の植え付けは、マルチ被覆後になる。マルチの被覆方法は図5―21、22のとおりである。

なお、資材として用いる「厚さ〇・〇二mm、幅一二〇cmの透明マルチ（穴あきマルチと穴のあいていないマルチ）」は、初期に保温効果が高く、黒ポリマルチよりも生育促進効果が高い。

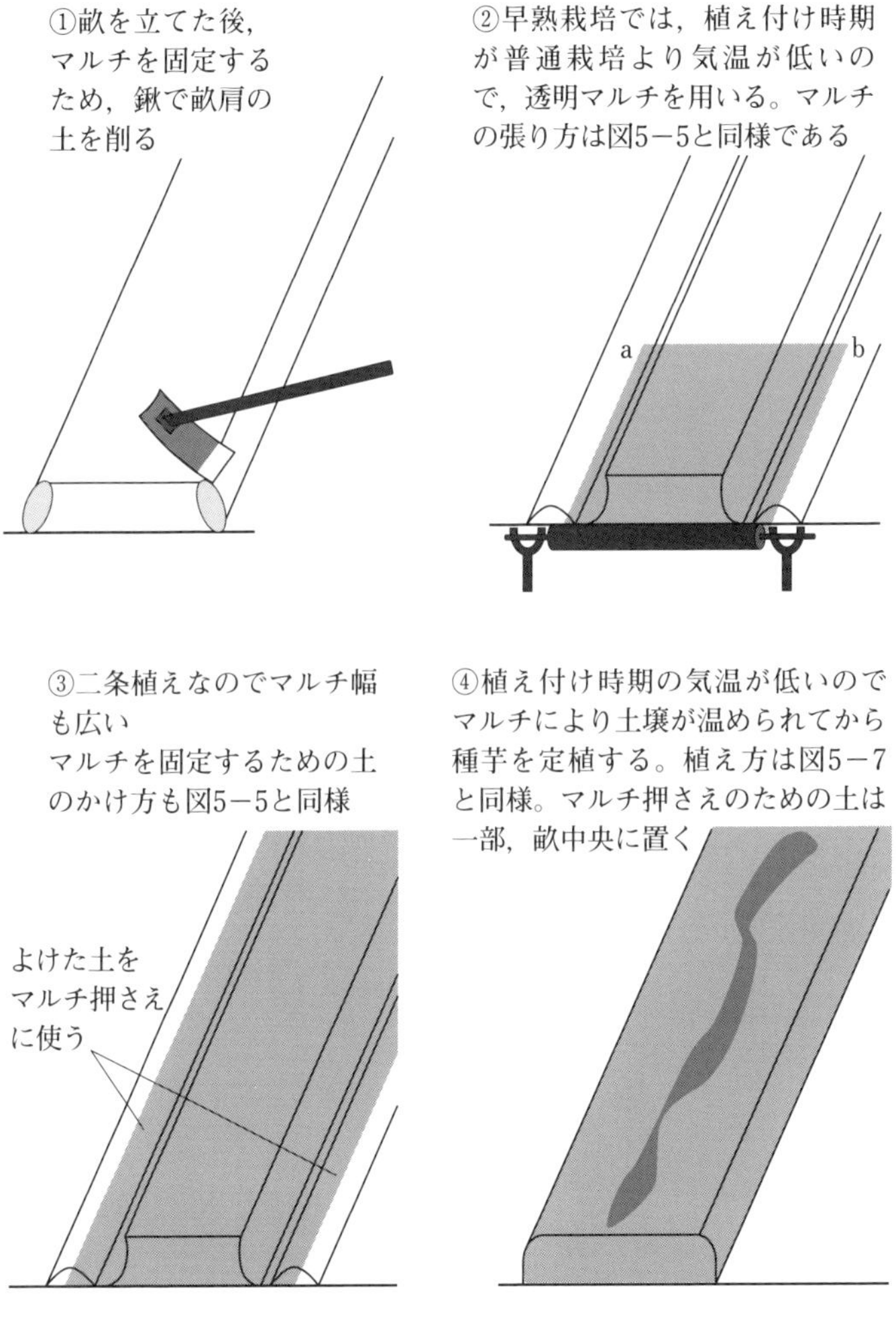
①畝を立てた後，
マルチを固定する
ため，鍬で畝肩の
土を削る
②早熟栽培では，植え付け時期
が普通栽培より気温が低いの
で，透明マルチを用いる。マルチ
の張り方は図5－5と同様である
a
b
③二条植えなのでマルチ幅
も広い
マルチを固定するための土
のかけ方も図5－5と同様
よけた土を
マルチ押さえ
に使う
④植え付け時期の気温が低いので
マルチにより土壌が温められてから
種芋を定植する。植え方は図5－7
と同様。マルチ押さえのための土は
一部，畝中央に置く

図5－22　早熟栽培でのマルチ被覆の手順

畝をつくるときの土壌水分の目安は、普通露地栽培の場合と同様だが、植え付け時期が限定されるので、前もって土壌水分を調節して適当な状態にしておく。つまり、水分が足りないときには畝づくりの数日前に灌水し、水分が多すぎる（耕起時の砕土率が低い）ときは乾くまで待つ。

栽植密度は、露地栽培よりも地上部が小さく、収量も少ないので、株数を増やすことによって減収分をカバーする（畝幅九〇cm、通路幅六〇cm、株間三〇cm、二条植え、三六六〇株／一〇a）。植え付け深度は一〇cm程度で、揃えて植え付けることにより、生育を均一にできる。

(5) 出芽とその後の管理

マルチ被覆前に種芋を植え付けた場合、天気が良い（晴天）とマルチ直下の温度が上昇し、芽が障害を受ける。そうならないためには、朝のうちに畑を見て回り、カッターでマルチフィルムに穴をあけ、芽を外へ誘導し、そのときにくぼんだ株元に土を入れる。透明マルチなので、適当な長さの棒で、マルチを軽くたたくと、植え付けた部分の露が落ちて、芽が出ているかどうかすぐにわかる。二週間程度で芽が揃うので、その間この作業を続ける。

一つの種芋から、複数の芽が出た株は、露地栽培同様に二～三枚展開したときに、太くて生育の良い芽を一本残して、ほかは取り除く（図5―9を参照）。

この時期になると、通路の雑草が発芽するので軽く中耕する。この中耕は、土寄せ時の断根によるダメージを軽減するのにも有効である。

(6) 土寄せと追肥

一回目

「石川早生」は、最初に展開した小さい葉から数えて六枚目が開いたときに子芋が着生し、肥大を始めるので、一回目の土寄せを行なう。

土寄せの前に、葉を傷めないようにして、マルチを除去するが、マルチの中央部縦方向にカッターなどで切れ目をつけ、マルチを二枚に分け、片方ずつ隅から引っ張りながら取り除く(図5―10を参照)。マルチは、よく伸びるので、裾の土を除去してからマルチがゆるまないようにして、ゆっくり引っ張り上げるのがコツ。

次に、通路部分に化学肥料を施用してから、株元に五cm程度土を寄せる。この時期に土が乾いていると灌水するが、土が流れないように注意する(マルチ内の土は、外の土ほど締まっていない)。

二回目

七月中旬(一回目追肥の二週間後)が二回目の施肥と土寄せ時期である。八月中旬に収穫するものについては、中耕除草を兼ねて軽く土寄せをするが、肥料が不足していない限り施肥はしない。しかし、九月に入ってから収穫する場合は、土寄せと追肥をする。このときに敷ワラをすると乾燥や地温上昇による害が軽減される。なお、この時期から気温が上昇し、乾燥するので、害虫の発生が多くなる。

(7) 梅雨明けからはこまめな灌水

梅雨時期でも雨が降らずに畑が乾くことがある。気温が上昇する六月から収穫期まで、畑が乾いたら灌水する。灌水間隔は七～一〇日に一回が目安。なお、その間に十分な降雨があると灌水の必要はないが、表面が軽く濡れた程度では、根圏部分まで水分が供給されないので、灌水の回数に数えない。降雨後の灌水の要否は、水がどこまで浸透しているか、シャベルで垂直に掘ってみるとわかりやすい。なお、夏場の灌水は、気温が上がっていない早朝に行なう。炎天下では葉に水がかかっただけでも熱湯による障害が現われることがあるが、地上部が萎れる寸前のように極端に水分が不足した場合は、時間にかかわらず、見つけしだい、ためらわずに灌水する。

土壌が乾燥すると、品種によって芽つぶれ症（石灰欠乏症）の発生が多くなる。

(8) 収穫適期と方法

温暖地での収穫時期は、八月上旬から九月下旬だが、できるだけ単価の高い八月中に収穫したい。しかし、収穫は、試し掘りにより子芋が十分に肥大していることを確認してからにする。収穫が早すぎると収量が少なくなり、遅れると孫芋が付着し、水晶症状が発生して品質が低下する。

芋の分離は収穫後に行なうが、「石川早生」は、またの名を「親責《おやぜめ》」といい、親芋に子芋がびっしり密着しているのが特徴である。そこで、分離作業は、地上部を切り取らずに掘り取り、ビール瓶などでたたいて芋を外し、根や地上に伸びた葉柄はその後取り除く。

なお、この時期の芋は、充実が不十分なので欠き口からカビが生えやすい。したがって、調製後速やかに出荷し、できない場合は、蒸れないように気温が低く風通しの良いところに置く。作業が滞った場合は、泥付きのままで貯蔵する。

この時期のサトイモは腐敗が早く、収穫適期が短いので、労働力との関係で作付面積や一回の収穫量を決めておく。万が一、即日出荷できない場合は、風通しの良いところで、欠き口などを速やかに乾燥させるか、保冷庫で貯蔵する。なお、短期間でも貯蔵する場合は芋を積み上げないようにする。

3　トンネル早熟栽培

(1)　圃場の選択から植え付けまで

圃場の選択と準備はほかの作型と同様だが、植え付けから生育初期にかけては温度が低いので温度管理に細心の注意を払いたい。関東地方でのこの作型の植え付け時期は、催芽処理した場合で四月中旬を、催芽処理しない場合で三月下旬を目安とする。

①マルチの被覆

マルチ早熟栽培同様にベッド幅九〇cm、通路幅六〇cmの畝をつくり、植え付け一週間ほど前に透明な穴あきフィルムでベッドを被覆し（図5—22を参照）、ビニールトンネルをかけ、地温を温めておく。地温は朝の八～九時ごろで催芽処理した場合は一五℃以上、催芽しない場合は一〇℃以上を確保する。なお、マルチ早熟栽培同様に、ベッドをつくる場合は、あらかじめ灌水して適正水分にした後とする。

②トンネルの被覆

〇・〇五mmの有滴性の農業用ビニールを雨が降る前に被覆する。トンネルを被覆する前に雨が降ると、マルチの穴の部分に雨水が集まり植え付け部分の土が硬くなり、作業がやりにくいばかりでなく、根張りや肥大に悪い影響を及ぼす。

春は、風が強いのでビニールトンネルは「ひも」で「たすきがけ」に固定し、トンネルの裾は土に埋めず、そのままにして裾の上げ下げによって温度管理する。

③種芋の催芽

できるだけ早期に揃って出芽させるために催芽処理をするが、「石川早生」は乾腐病が発生しやすいので、あらかじめベンレートT水和剤で粉衣後催芽処理をする。

催芽処理期間はほぼ一カ月なので、四月中旬に植え付ける場合は三月中旬に処理を開始する。催芽方法は、マルチ早熟の場合とほぼ同じだが、気温が低いので、暖かいところで催芽する。催芽温度を確保できない場合は、ビニールハウス内で、場合によっては熱線を敷設するなどして加温処理をする。芽が三～四cm伸びて、最初の葉が開く直前が植え付け適期になる。

(2) 出芽後の管理

①催芽芋の植え付けとトンネル換気

マルチの上から深さ一五cm程度の穴をあけ、芽の基部が深さ一〇cm程度になるように植え付ける。出芽が始まるまでトンネルはそのままにするが、出芽後は気温が三五℃以上にならないように換気により温度調節する。

出芽～二・五葉期、二・五～五葉期、五～六葉期の三段階に分け、裾を徐々に上げて換気を強める。ただし五葉期までは風下側で温度を制御する。五葉期以降は、葉柄が長くなり葉身がトンネルフィルムにあたって焼けないように注意する。夜間の温度が一五℃以下に下がらなくなったら、トンネルの両脇を開放する。

②トンネルとマルチの除去

六葉期（六枚目の葉が展開したとき）に土寄せを行なうので、トンネルとマルチは、葉を傷めないようにして取り除く。「石川早生」の場合は六葉展開期に中央にカッターで切れ目を入れマルチを除去する。茎葉が痛むようであれば、植え穴を中心に二カ所カッターで切れ目を入れて溝から手前、向こう、中央の順でマルチを除去する。催芽処理して四月中旬に植えた場合は、一回目の土寄せは五月下旬、二回目の土寄せは六月中下旬になる。

(3) 収穫調製作業

収穫は、温暖地で七月中旬と、マルチ栽培の場合よりもさらに高温時期の収穫になるので、収穫した株は、日陰の涼しいところに置く。この時期は、地上部が繁茂し、根も新鮮なので、切り口が傷口となり病原菌が侵入しやすいばかりか、芋も未熟で傷つきやすいので、カビが生えないように、親子分離した後は速やかに出荷する。原則として、一日に出荷できる量だけを掘り取る。なお、この時期は、地上部が繁茂しているので、根量が多く頑丈で、芋も傷つきやすいので注意する。収穫開始は、株元の土を、根を切らないようにしてよけ、子芋の肥大程度を確認して決定する。

4　マルチ無培土栽培

(1)　この方法の利点

①追肥と土寄せが省力化できる

マルチ無培土栽培とは、種芋を一五cmの深さに植え付けて、収穫時までマルチを除去しないで、追肥と土寄せを省力する方法のことである。雑草の生育を抑制し、土壌の乾燥が防止され、高温期のマルチ除去作業と培土作業が省略でき、土壌が締まらないので収穫作業が簡略化できる。乾燥しやすい火山灰土壌の地域や夏期の降雨が少ない年度では、土壌水分制御にも役立つ。

マルチを除去しないため、省力的なだけでなく土壌からの水分蒸散や肥料の流亡が抑制され（定期的な灌水は不可欠であることには変わりない）、生育中に耕耘しないので、排水路の手直しなどの必要もない。

芋の形状は、子芋の肥大部位がやや深い位置になることから幾分長くなる傾向があるが、孫芋の形状は全く問題がない。

この方法は、「石川早生」を用いたトンネル＋マルチ無培土栽培で研究されたもので、黒ポリマルチ（幅九〇cm、厚さ〇・〇二mm）を収穫時まで被覆したままにする方法が検討され、植え付け深さは二〇cmとの比較で一五cm、マルチ幅は九〇cmとの比較で七〇cmが収量、品質面で良いことが報告されている。また、子芋から出てくる葉を放任した場合、子芋の葉が光合成を行なうので塊茎の肥大を促進する。子芋の葉を切除した場合と比べて総収量で一六%、上芋収量で三四%多くなる（杉本、二〇〇一）。

肥料は、普通露地栽培でLP一〇〇日タイプ、早熟栽培でLP七〇日タイプを用いることで追肥はしない。

写真5－10　サトイモの極端な浅植えの様子

②覆土しないことが品質低下につながらない

産地によっては、この栽培法では、芋の形状がコントロールできないとして敬遠される場合がある。実際栽培では、覆土量が一五cmあるので、親芋の下位節間から出た子芋は幾分長くなる傾向があるが、孫芋の形状に悪い影響はないことが報告されている（千葉農試）。

また、マルチ内の温度が上昇するので、芽つぶれ症の発生が多くなるのではとの懸念もある。このことについては、気温が上昇した時期には、葉はすでに繁茂し、直射日光が遮ら

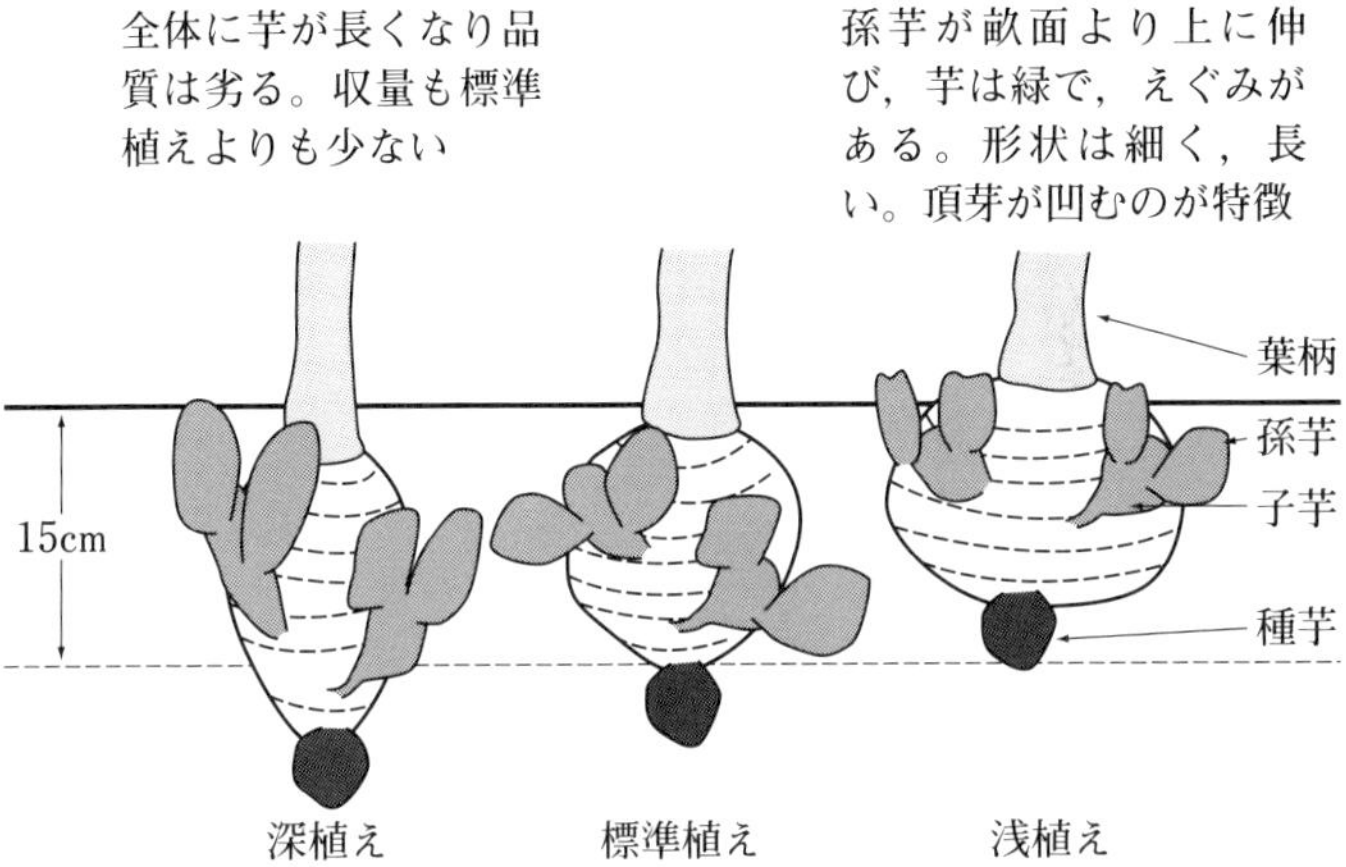
全体に芋が長くなり品質は劣る。収量も標準植えよりも少ない
孫芋が畝面より上に伸び，芋は緑で，えぐみがある。形状は細く，長い。頂芽が凹むのが特徴
葉柄
孫芋
子芋
種芋
15cm
深植え
標準植え
浅植え

図5－23　マルチ無培土栽培での植え付け深度とサトイモの形状

れるため、無被覆との地温差は一～二℃程度に留まるとされている。そのため、芽つぶれ症発生には、マルチ被覆による温度上昇による影響よりは七月下旬～八月中旬の少雨の影響がより大きいと考えられている。つまり、芽つぶれ症を回避する方法としては、あくまで定期的な灌水が有効ということである。

ただし、この方法では、最初に植え付けた後は、地上部が大きくなった後に手直しが入らないため、植え付け位置が浅く（写真5―10）、覆土が極端に不足している部分があっても見過ごしてしまう場合がある（図5―23）。その場合、芋は青芋というよりは、茎のような青芋になる。

なお、覆土が多すぎた場合は、すべての芋が長くなり商品性が劣る。

(2) 各作型での無培土栽培の導入のポイント

普通露地栽培で、マルチ無培土栽培を採用するかしないかは、個々の生産者が判断することだが、多くの生産者はこの方法を採用している。総合的にみて、この栽培法を採用する生産者は、今後も増えると思われる。

マルチ早熟栽培では、浅植え・透明マルチによる保温効果を利用して初期生育を促進することを最優先しているので、実際栽培ではあまり導入されていない。この作型では、マルチ（透明、厚さ〇・〇二mm）は、収穫時まで被覆したままで培土は行なわず、肥料はＬＰ一〇〇日タイプを用いて追肥は行なわない（千葉農試）。収穫は一〇a当たり一〇〇〇kg以上になる八月上旬以降とする。

トンネル早熟栽培では、浅植え・透明マルチによる保温効果を利用して初期生育を促進することを最優先していることからあまり導入されていない。しかし、千葉農試では「サトイモの無培土、無追肥によるトンネル早出し栽培法」を確立している。その内容は以下のとおり。

①植え付け深度は一五cmで、二〇cmの高畝とし、畝幅一五〇cm、条間四五cm（二条植え）、株間二〇～二五cmで、三月十日に植え付ける。

②トンネル（〇・〇五mmの有滴性ビニール）は、六月上旬に除去し、マルチ（透明、厚さ〇・〇二mm）は、収穫時まで被覆したままで培土は行なわず、肥料はＬＰ一〇〇日タイプを用いて追肥はしない。

③収穫時期は一〇a当たり一〇〇〇kg以上になる七月中旬以降とする。トンネル早出し栽培の収穫時期は、マルチ早出しより二週間程度促進される。以上の栽培法は、収量と品質が安定しているだけでなく省力的なので、今後導入の可能性は高いと考えられる。

(3) 作業の手順

圃場の準備、植え付け方法と出芽時の芽の誘導などの作業は、「1 普通露地栽培 (8) 出芽とその後の管理――マルチの穴あけ、芽欠きなど」と同じだが、覆土量は一五cm程度とやや多く、マルチ資材は最後まで除去しない。二回の覆土分はすべて最初に確保しているので、覆土作業による断根は回避できる。また、肥料分が不足した場合は、溝に施用するか、もしくは被覆尿素緩効性肥料（LP肥料）を利用することで補うことができる。

なお、収穫作業は、地上部（葉）を鎌もしくは刈り払い機で切除して溝に置き、マルチを順次はがす。端まではがし終わったら、マルチを一カ所に束ね、後でマルチと地上部、親芋を処分する。

掘り取り機（コンベア式、ニプロ）などで掘り取る。コンベア部分が振動するので、根が抱え込んだ土が落ちて畝表面に芋を落としていく（写真5―4、5を参照）。

掘り取った株を、人力で親芋と子・孫芋に分離し、子・孫芋を持ち帰る。持ち帰った芋は子芋と孫芋に手で分離し、根をとる（除根機）。そして、出荷規格に基づいて区分し、集荷する。

5　種芋栽培

サトイモは、種ができないことから、環境に適応した優良な子孫を残すため、変異が起きやすいことは、第2章で示したとおりである。変異は、必ずしも生産者にとって好ましいものでない場合が多い。そのため、形質の良いものを生芋として出荷し、残った芋を種芋として利用すると、栄養繁殖を繰り返すことにより、長い芋の多い株や収量の少ない株が増えてくる。

そのため、種芋は、各地域の方法で栽培したサトイモのなかから、生芋出荷用より優先させて、芋の形や収量のほかに味や食感などの優れたものを選別し、掘り取り、風乾後、罹病株や生理障害発生株を除去する。そして、貯蔵終了後、親芋、子芋、孫芋に分離し、再度選別して圃場に植え付けるようにする。

(1)　各作型に向く優良な系統とは

同一品種であっても、次のように、作型によって期待される品種の特性は異なる。

普通露地栽培：子芋、孫芋の着生が多く、孫芋は丸系もしくは俵系で大きいものが良い。

トンネル早熟栽培：できるだけ早く多数の丸系の子芋が着生し、肥大するが、肥大中に孫芋が着生すると品質が落ちるので遅いほうがよい。なお、早熟の程度により、肥大スピードを優先するか収量性を優先するかは異なる。

(2) 選別の方法と収穫法

普通露地栽培とトンネル早熟栽培では収穫時期が異なる。普通露地栽培は芋が完熟した段階で収穫するので、種芋を収穫する時期と同じになる。そのため収穫しながら優良株を選ぶことができる。ただし、地上部の形状も選抜対象としたい場合は、あらかじめチェックしておく。

しかし、トンネル早熟栽培では、芋が完熟する前に、形状の優れた子芋を収穫するが、種芋は、孫芋が完熟した段階で収穫する（早熟栽培した芋は貯蔵性が劣るため）。そのため、子芋を収穫する時期に根を切らないようにして株元の土をよけ、子芋が多数着生し、肥大の早い株を圃場で選び、そのまま圃場において孫芋（種芋）が完熟した段階で収穫することになる。つまり、早熟栽培用の種芋は、収穫時期に選別しても、必ずしも早熟栽培に適しているとはいえないということである。

なお、こうした選別は効率よく必要量を得ることができないので、少なめに株を選び、急速に増殖することを考える。

中生品種で作期の前進がされている「早生蓮葉」「女早生」「早生土垂」についても、それぞれの地域の生産目的に応じた生育・収量・形態を示す株を出荷時期に選び、種芋を完熟させてから収穫する。

種芋の掘り取りは降霜前の十月末から十一月中旬ごろの晴天日、土がよく乾いたときに行なう。出

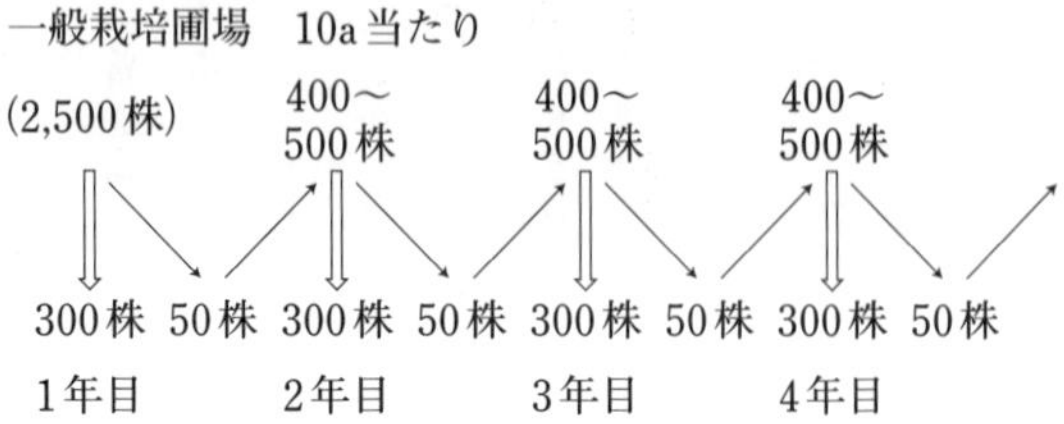

図5−24　増殖圃場における次年度用種芋と優良系統の確保

・1年目秋に一般圃場から，2年目の栽培用種芋（20％の余裕をみて3,000個）のための300株と，優良系統を維持するための50株を選び，株ごと貯蔵する（1株から10個の種芋が得られる）

・2年目の植え付け前に，栽培用に確保した300株を親子分離して，優良な2,500個の種芋を選び，栽培用種芋とし，優良系統を維持するための50株を親子分離して，優良な400～500の種芋を選び増殖用圃場に植え付ける

・2年目秋以降は，秋に増殖用圃場から，優良系統維持のために50株と次年度の栽培のために300株を選び，株ごと貯蔵し，植え付け前に親子分離して，それぞれの圃場に植え付ける

荷芋とは別に収穫するので、手作業になる。

親芋の茎はできるだけ短く切り落とし、芋を傷つけないようていねいに掘り取る。掘り取り後、親芋、子芋、孫芋は分離せず、株のまま十分乾燥させてから貯蔵する。分離すると欠き口から腐敗が進行し、貯蔵率が低下する。

(3) 各作型での必要株数と種芋数

普通露地栽培用：一般栽培のために必要な種芋数を二五〇〇個／一〇ａとした場合二〇％の余裕をみて三〇〇〇個の種芋を準備する必要がある。一株から一〇個の種芋が得られるので、必要株数は三〇〇株となる。増殖圃場に四〇〇～五〇〇株を栽培する場合の必要株数は五〇株である。そのために収穫時に次年度栽培のための三〇〇株と優良系統維持のための五〇株を選び、株ごと貯蔵し、

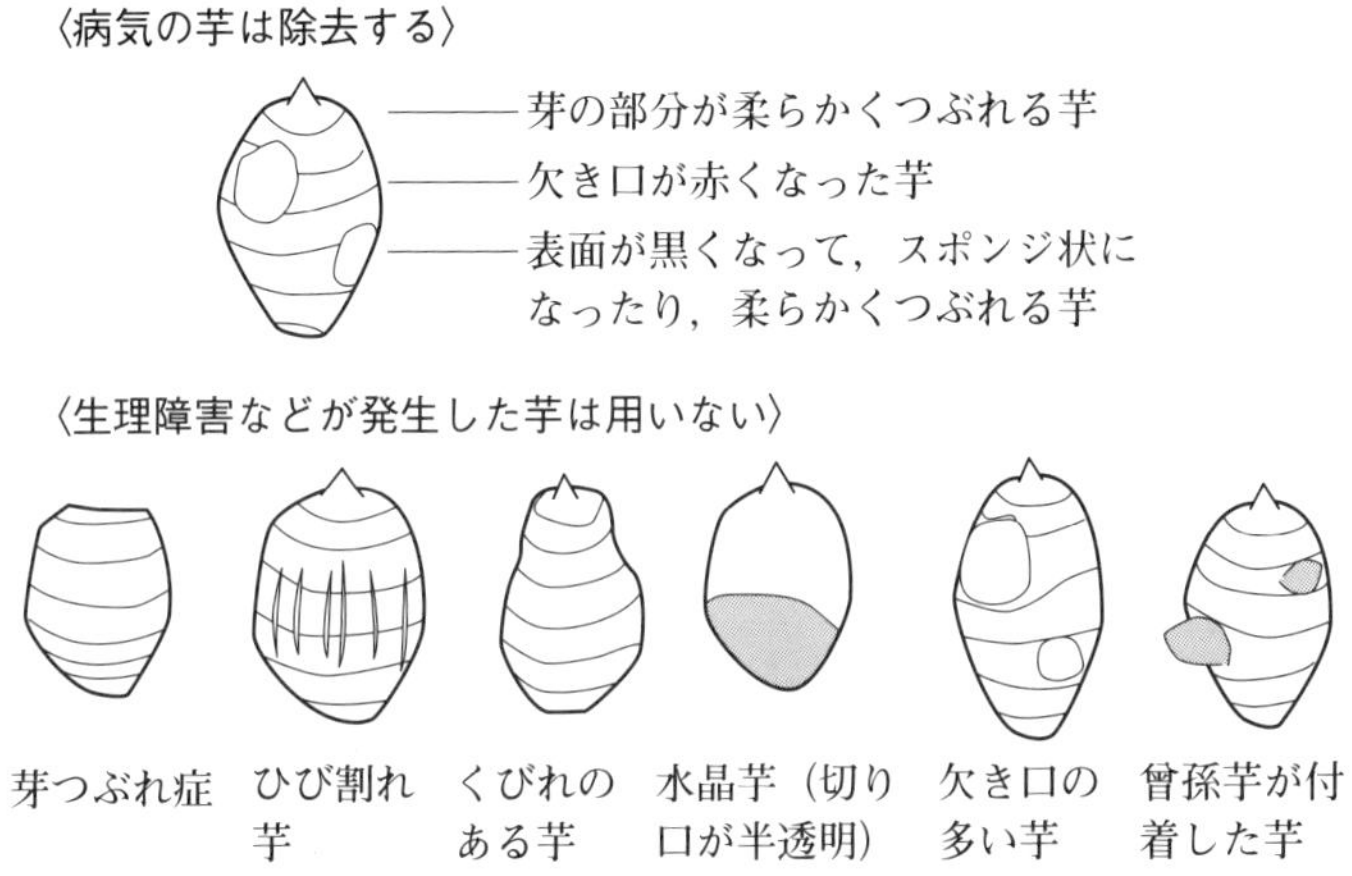

図5―25　種芋として使えない障害芋

植え付け前に親子分離して、一般栽培圃場に二五○○個の種芋を、増殖圃場に四○○～五○○の種芋を植え付ける。

　こうした作業を毎年継続することにより、形状の良い、収量の安定した系統を確保することができる（図5―24）。

　優良な種芋を植えても、そこから収穫される芋は少なからず変異があり、すべての株が形状や収量が優れるわけではない。そのため、貯蔵前に優良株を選ぶ。親芋、子芋、孫芋に分離するときにも、頂芽が正常で、中央が盛り上がって大きく、病害虫（乾腐病や萎凋病）に感染していないこと、生理障害の発生が認められないことを確認する（図5―25）。

　なお、欠き口の維管束が褐変もしくは赤変している芋は病気に感染しているので除去するが、時間が経つと健全な芋でも褐変するので、芋を分離した直後に判断する。欠き口は腐敗防止のためによく乾かし、調製後は、通気性のよい容器に入れ、一〇〜一五℃（最低七℃以上）程度と温度変化の少ない場所に保管する。

トンネル早熟栽培用：一〇a当たりに必要な種芋数は栽植密度が高いので五二五株／一〇aとする。その後の芋選別は普通露地栽培と同様である。

貯蔵庫から出した株は、親芋、子芋、孫芋に分離後、普通露地栽培と同じようにして優良種芋を選ぶ。なお、この作型の種芋は、初期生育を促進させることから、普通露地栽培の場合より大きい六〇g程度のものを用いる。

以上のようにして選んだ優良な種芋を植えてもそこから収穫される芋は少なからず変異があり、すべての株が形状や収量が優れるわけではない。こういった作業を毎年継続することにより、各地域の天候にあった系統を得ることができ、生産性も向上できる。

(4) 種芋の栽培方法

種芋の栽培方法は、品種と作型が異なっても、基本的には普通露地栽培と変わらない。しかし、種芋は、普通露地栽培用で四〇〜五〇g、早熟栽培で六〇g程度と、生芋販売よりは小さいものを商品とする。したがって、栽植密度は二〇〜三〇％程度高くして小型化を図る。

また、未熟で窒素濃度の高い芋は腐敗しやすいので、後半に窒素の過不足が起きないよう八〜九月の葉の色や形態をよく観察して施肥管理する。

(5)　種芋の分割育苗法

サトイモの増殖率は一〇倍程度と低いため、優良株を一挙に増殖したい場合は、分割育苗法が有効である。

分割育苗法は、サトイモには頂部にある頂芽のほかに、各節に側芽があり、さらにその周辺に多数の伏芽が分布している（図5―26）ことを利用したものである。通常は、種芋を植え付けると一番大きな頂芽が伸びてくるが、頂芽が障害を受けると一番大きな側芽が伸びてくる。実際栽培では、伏芽が伸びてくることはないが、頂芽と側芽を人為的に除去すると、最も大きな伏芽が伸びてくる。そこで、頂芽を取り去り、その部分を中心に、縦に分割して（必ず表面に芽が存在する）、一つの芋片を種芋として育苗するものである。

つまり親、子、孫のすべての芋を一〇g程度の芋片に縦分割する（図5―27）と、表面に分布する最も大きな側芽もしくは伏芽が伸長してくるので、その芽を育てる（図5―28）。こうすると、一株から一〇〇以上の個体を得ることができる。

この方法では、種芋が小さく栄養分を種芋に依存できないため、温度を二〇～二五℃とし、光も十分にあたるようにして生育を促進する。そうすれば伸びた根から肥料成分を吸収し、展開した葉で光

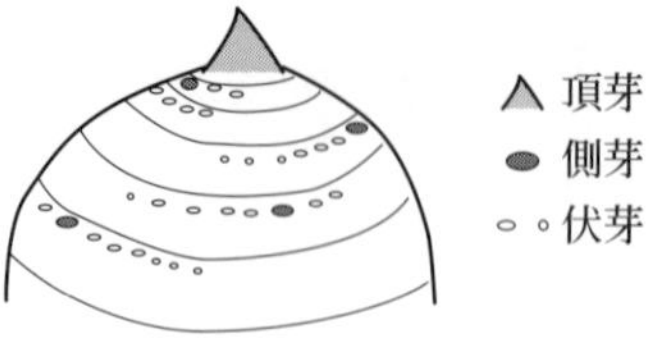

サトイモ表面には多数の芽が存在し，通常は頂芽優勢が働くため，頂芽だけが伸びる。しかし，細かく刻むと，各芋片の中の一番大きい芽が伸びてくる

図5－26　芋の表面には多くの芽が分布する

・頂芽は切除する
・長さは育苗容器に入る程度とする
・1片は10g程度とする（ただし，芽は表皮にあるので，表皮に芽が入るように切断する
・親芋，子芋，孫芋のすべてが利用できる

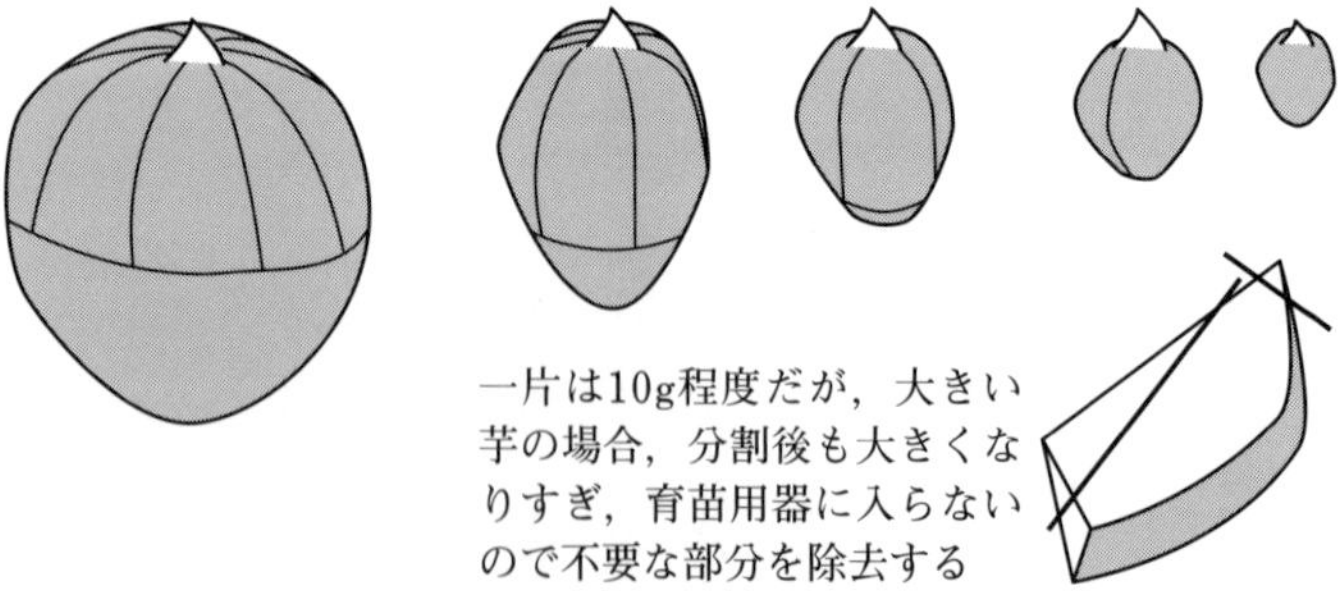

一片は10g程度だが，大きい芋の場合，分割後も大きくなりすぎ，育苗用器に入らないので不要な部分を除去する

図5－27　種芋の分割方法

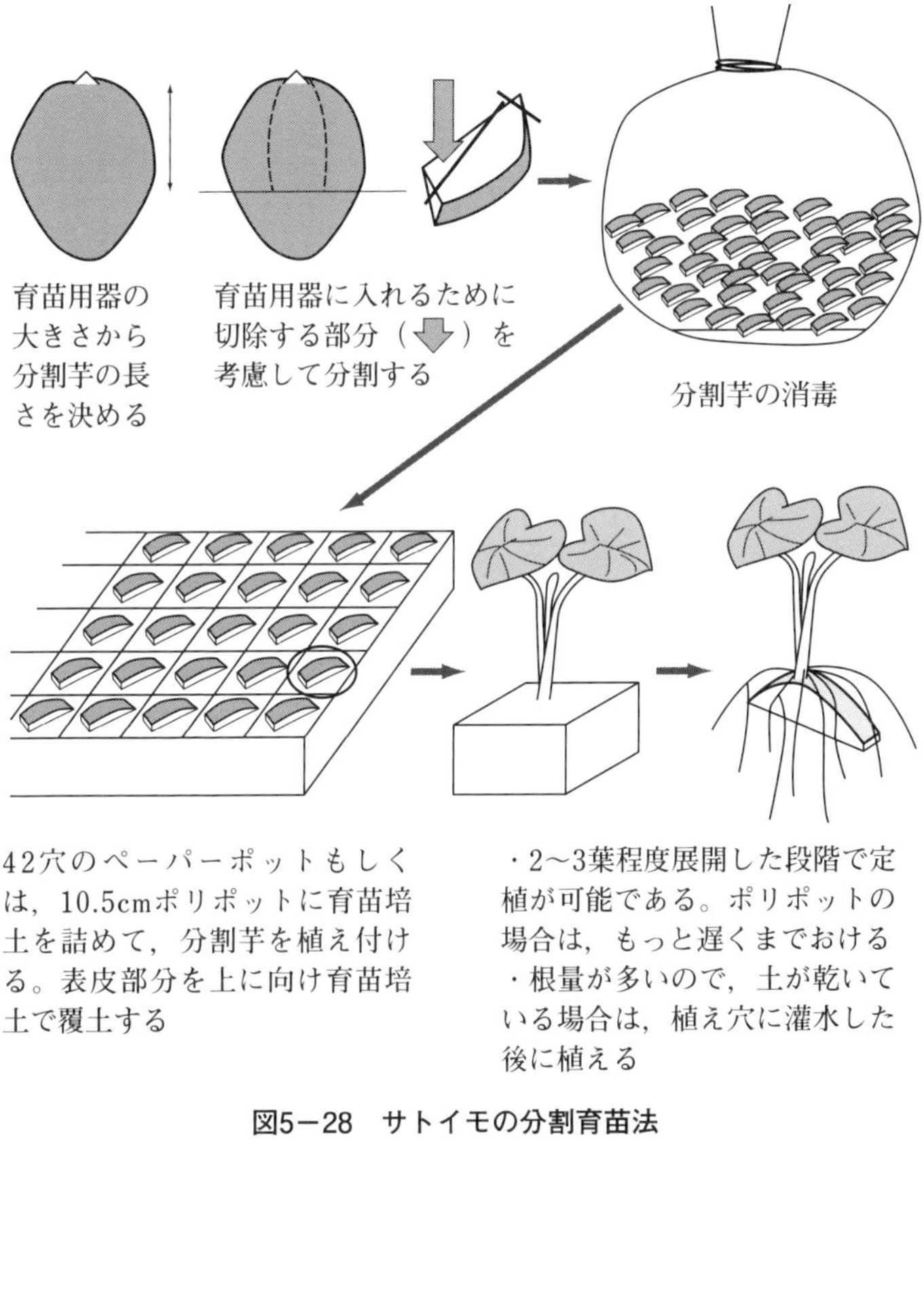

育苗用器の大きさから分割芋の長さを決める
育苗用器に入れるために切除する部分（　）を考慮して分割する
分割芋の消毒
42穴のペーパーポットもしくは，10.5cmポリポットに育苗培土を詰めて，分割芋を植え付ける。表皮部分を上に向け育苗培土で覆土する
・2〜3葉程度展開した段階で定植が可能である。ポリポットの場合は，もっと遅くまでおける
・根量が多いので，土が乾いている場合は，植え穴に灌水した後に植える

図5−28　サトイモの分割育苗法

合成を行なうことができる（ポット育苗が原則）。なお、育苗は、催芽処理よりも二週間程度早くスタートし、晩霜の影響がなくなった時期（平均気温が一五℃以上）にマルチを被覆した圃場に浅植えし、その後は通常の普通露地栽培に従って栽培する。

分割育苗法は、選抜した優良株を一挙に増殖したいときや、少量の種芋から栽培をスタートする場合、さらに早熟栽培のように栽植本数が多い場合にも有効である。

なお、この方法では、出芽揃いに一カ月程度かかるが（加温施設内で）、その後も育苗し、ある程度大きくしてから植え付けたほうが圃場での管理がしやすい。そこで、出芽揃い後は育苗床の温度を下げて二～三週間程度育苗する。大苗で圃場に定植する場合、土壌水分が不足すると活着不良になるので、植え穴に灌水するなどの注意が必要である。

6　エビイモと芽芋の栽培法

(1)　エビイモ

①エビイモとは

唐芋を用い、特殊な方法で子芋を大きくつくったものである。名前は、子芋の形がエビのような形をしていることに由来しており、京野菜の一つである（写真5―11）。

肉付きの良いエビイモを生産するためには、肥沃で透水性があり、水分が保持される土壌であることが望ましい。種芋は、四〇～八〇gがよく、一〇a当たりの種芋の数は八〇〇～九〇〇個。

写真5―11 京都えびいも1号と在来系統の子芋・孫芋
左：在来系統，右：京都えびいも1号
（原図：京都府農林水産技術センター提供）

②つくり方

畝幅は一二〇～一三〇cm、株間は七五cmとする（栽植密度を少なくして子芋の生育肥大を旺盛にする）。マルチを被覆して四月上旬に種芋を植え付け、葉が四～五枚になったらマルチを除去する。

マルチを除去した後は三週間ごとに土寄せを行なう（六月中旬から八月中旬）。一回目が三cm、二回目は六cm、三、四回目は九cm程度とする。一回目は親芋肥大のために、二回目以降は子芋肥大のために行ない、三、四回目は、親芋と子芋の間に土を入れて子芋がエビ型になるのを助ける（図5―29）。施肥は土寄せごとに行なう。

摘葉は、子芋の葉がまだ見えないうちに親芋の古

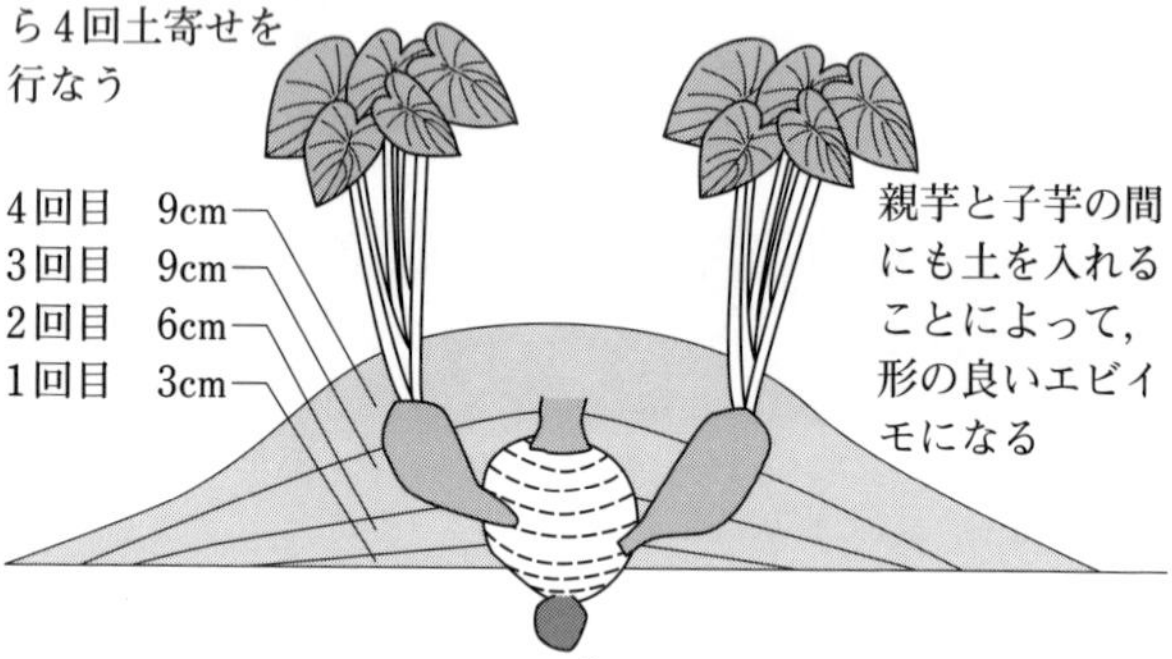
子芋肥大開始期
(五葉期)ごろか

図5－29　エビイモの栽培方法

い葉を一～二枚つけ根から外し、八月上旬の土寄せ後、親芋の古い葉から順に二～三回に分けて全部除去する。

収穫は十月中旬から十二月で、肥大した子芋はエビイモとして収穫するが、親芋や孫芋も食べられる。

子芋の肥大に欠かせないのが、親芋の茎葉を除くことで、親芋の葉の先端が湾曲して十分展開しなくなり、これが子芋の肥大に好影響を及ぼす。

(2)　芽芋栽培

①芽芋とは

出芽してくる芽を軟化したもので、真っ白な肌になり、芋茎と異なり、皮をむかずに料理に使えるものである。種芋の養分を使って生育す

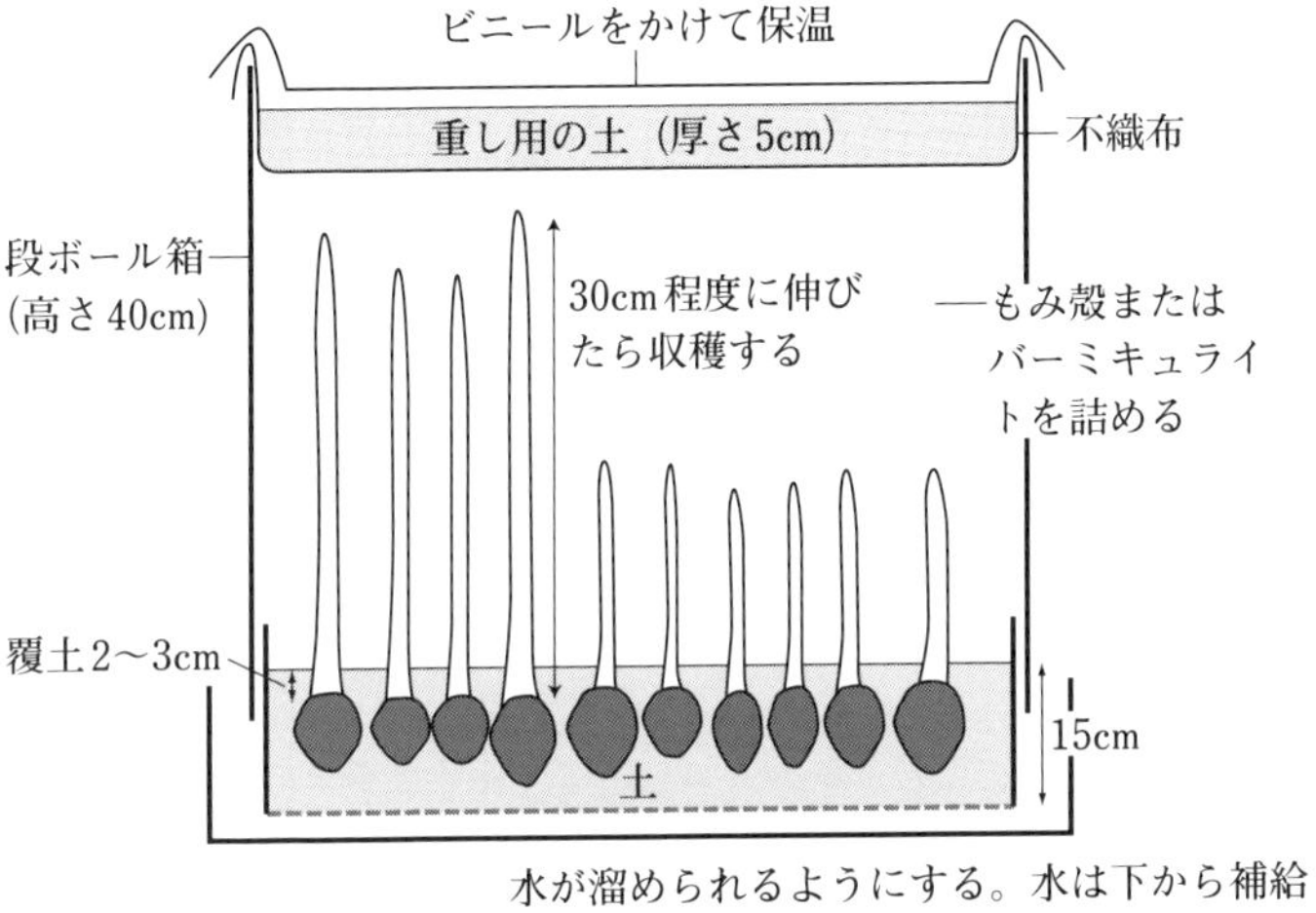

図5－30　サトイモの芽芋栽培

るので肥料はいらない（図5―30）。

芽芋は、種芋の養分だけで、しかも暗黒条件下で育つことから、えぐみ成分は生成されないとされている。したがって、「八つ頭」や「唐芋」のように本来えぐみ成分が少ない品種だけでなく、あらゆる品種が利用できる。しかし、茎の青い品種を用いた場合、培土に肥料成分が残っていたり、光にあたったりするとえぐみを感じる場合があるので注意が必要である。

②つくり方

作業手順は以下のとおり。

①土を入れた容器に種芋を並べて植え付け、芽が隠れる程度の土をかける。

②灌水した後、葉期は四〇～五〇cmの段ボールで周囲を囲み、その中に乾いたもみ殻やバーミキュライトを入れ、その上に不織布や寒冷

紗をかけ、さらにその上に五cm程度の土を入れる。土がないと伸長した葉柄は細くなる。
③容器は日のあたる暖かいところに置き、ビニールなどで保温すると芽が早く出る。灌水は上からではなく、下から行なう。
④生育適温は二五℃程度で、温度が適当であれば、一カ月程度で収穫できる。
⑤栽培品種のほとんどが芽芋栽培用として使用できる。なぜなら、えぐみは、光にさらされることによって生じるからである。なお、生育期間中から消費者の手に届くまで、暗黒条件を維持する。
芽芋栽培では、出荷できなかった芋を活用することができる。つまり、廃棄処理に面倒な親芋、形の悪い子芋、そして、小さくて出荷できない孫芋がすべて利用できる。種芋の大小によって生育が大きく変わることはない。

第6章　生理障害と病害虫

1　生理障害の発生原因と防止法

(1)　芽つぶれ症

発生の経過とメカニズム

芽つぶれ症とは、芋の頂部が壊死したもので、頂芽や蓑毛《みのげ》がなくなり、芋の肥大に伴って壊死した部分に割れ目が入る場合が多い（写真6―1）。この症状は主に孫芋に発生し、外観が異常なため商品価値がなくなり、種芋としても側芽が伸長する（出芽が遅い）ので利用価値が低い。

芽つぶれ症の発生は品種間差があり、「土垂」と「早生蓮葉」は発生しやすく、「赤芽」と「大吉」は中程度、「中生蓮葉」と「えぐ（蘞）芋」、「石川早生丸」は発生が少ない（宮路ら、一九七六）。

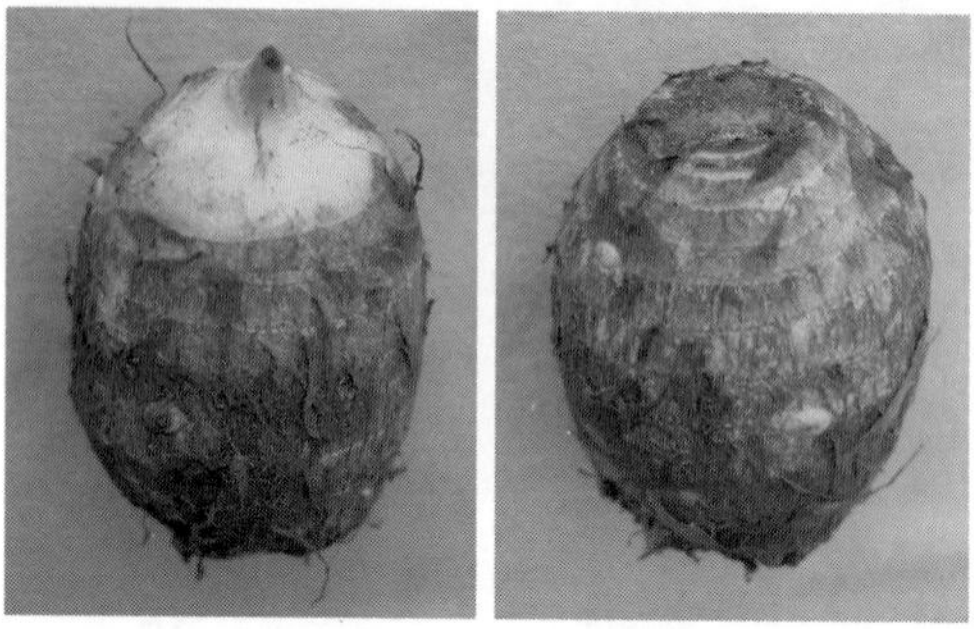

写真6－1　芽つぶれ症
健全芋（左）と芽つぶれ芋（右）
（原図：池澤和広）

発症しやすいのは子芋肥大から孫芋肥大への転換時期で、発生の原因は石灰の欠乏による生理障害と考えられ、土壌中に石灰が不足している場合や高温乾燥などにより根から石灰分が吸収できない場合に発症する。また、カリを過剰に吸収した場合に石灰が吸収できなくなって発症する場合もある。

以上のことから、土壌塩基類のアンバランスを是正すること、乾燥などで養分吸収が妨げられないよう灌水を行なうことが基本的な対策になるが、補完的には石灰追肥なども考えられる。

対策

芽つぶれ症発生の軽減対策として、鹿児島県では、植え付け時の土壌中の石灰含量を二八〇mg／一〇〇g（一〇meq／一〇〇g）以上とし、火山灰土（腐植質表層黒ボク土）では、それよりやや高い三三六～三九二mg／一〇〇g（一二～一四meq／一〇〇g）に誘導している。また、石灰の追肥を行なう場合は、石灰（Ca）成分として二八～五六mg／一〇〇g（一～二meq／一〇〇g）相当を、二回目追肥・培土期（孫芋の分化～肥大初期）前に畝間に散布する。資材としては、硫酸カルシウムが最適だが、塩化カルシウム、炭酸カルシウムでも効果がある。

実際栽培では、土壌の乾燥が最も発症を大きく左右すると思われる。特に孫芋の分化〜肥大初期は梅雨明け後なので、温度が高くなり、降水量も急に少なくなり、植物体も大きくなるので水分要求量が増大し、水分が不足すると根が障害を受けやすくなる。鹿児島県におけるサトイモの灌水の目安として、五〜六月は七日ごとに間断三〇mm、七〜八月は五日ごとに間断三〇mm、九〜十月は七日ごとに間断三〇mmとなっており、計画的な灌水を行なう必要がある。

また、ありきたりではあるが、有機物の投入、深耕などを長期間続けることによって土壌物理性が改善され、発症も軽減される。

(2) 水晶症状

発生の経過とメカニズム

水晶症状とは、子芋が親芋に着生している付近から透明化する症状のことで、この部分にはデンプンがほとんど含まれていないため、サトイモの食感と風味が損なわれる（写真6―2）。程度の軽いものは着生部のごく近くが透明化するだけだが、ひどいものは、芋の半分以上が透明化し全体に至ることがあり、この部分は加熱調理後も硬く、食用に適さない。水晶症状は、外観では判別できないため、市場出荷された後に問題になるので、注意が必要である。

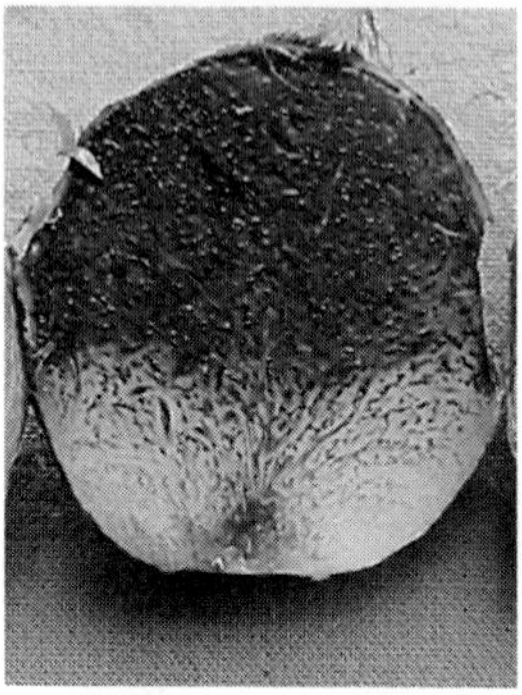

写真6－2　水晶症状
症状部のヨード・デンプン反応
（原図：池澤和広）

水晶症状の発生は「石川早生」「石川早生丸」の子芋に特異的に発生する。千葉県では、一九八三年七月の降雹によって、葉柄は一部を残すだけの壊滅的被害を受けた際に水晶症状が多発した。富山県では、一九九二年ごろから水田転作の一部にサトイモを導入した産地で、孫芋が肥大し始める九月上旬から発症し、孫芋の肥大期である九月下旬に多発した。その場合、子芋に着生している孫芋の数が多いほど、発症率が高くなった。鹿児島県の奄美地域では、十～十二月に植え付け、四～六月に収穫する早出しタイプで、孫芋の肥大開始期から肥大期にかけて発症した。梅雨明け後に晴天が続き、強い干ばつに見舞われた年ほど発症が多いことが明らかになっている。

つまり水晶症状は、早生系でしかも子芋の着生数の多い「石川早生」「石川早生丸」で、子芋のデンプン含量の低下、あるいは子芋から孫芋へのデンプン移行が関与していると考えられる。

対策

孫芋の肥大期は生育後半で、この時期には子芋肥大期以上の炭水化物生産が必要になるが、八月中旬以降は葉面積が増加しないため、炭水化物生産も増大しない。しかも、九月下旬からは気温が低下するため、この傾向は強くなる。収穫が遅れ、孫芋の肥大が進むに従って、発生が多くなるのはこうした作物特性によるものと考えられる。

富山県では、孫芋肥大期の九月下旬以降に収穫した産地で発症したが、従来どおり孫芋肥大期前に早掘りした産地では発症しなかった。

奄美地域では、早植えを避け、十二月後半以降に植え付け、収穫時期を十一葉期とすることで発症が軽減できる。

なお、収穫が遅れなくても、雹、季節風、干ばつ、病害発生などにより、葉身に損傷を受けた場合には注意する必要がある。

夏期に葉身が著しく損傷したり、収穫が若干遅延した場合は、三角や長円などの「石川早生」本来の形を示さない子芋および孫芋の着生痕が複数認められる子芋を除去することによって九〇％程度の確率で発症芋を除去できる。

(3)　亀裂、ひび割れ

芋の肥大期に土壌水分の変化が著しい場合、芋の表面に亀裂が生じる（写真６―３）。浅い場合はひび割れとなる。特に八〜九月は、高温・乾燥が持続し、植物体は、葉身が大きいため葉の蒸散量が著しく多い。したがって、計画的に灌水しないと、土壌中の乾湿の変化が大きくなって、肥大中の芋

写真6－3　ひび割れを発症したサトイモ
（原図：林　斐）

表面に亀裂やひび割れが生じ、さらにはくびれ芋になったりする。こうした症状は、子芋より、この時期に肥大する孫芋に発生しやすい。

対策としては、孫芋肥大期の土壌水分を一定に保つよう計画的な灌水が必要である。

2　病害虫の診断と防除方法

(1)　汚斑病

病徴　葉の表面または裏面に油浸状の小さなしみのような斑点ができ、しだいに大きくなって直径一cm程度の淡褐色～黒褐色の円形の病斑となる。秋期以降に病斑数が急増し、拡大、癒合する（写真6―4）。多湿のときは病斑上にすす状のカビを生じる。新葉にはほとんど発生せず、中～下位葉に発生する。多発すると下葉の枯れ上がりが早まるが、株全体が枯死することはない。

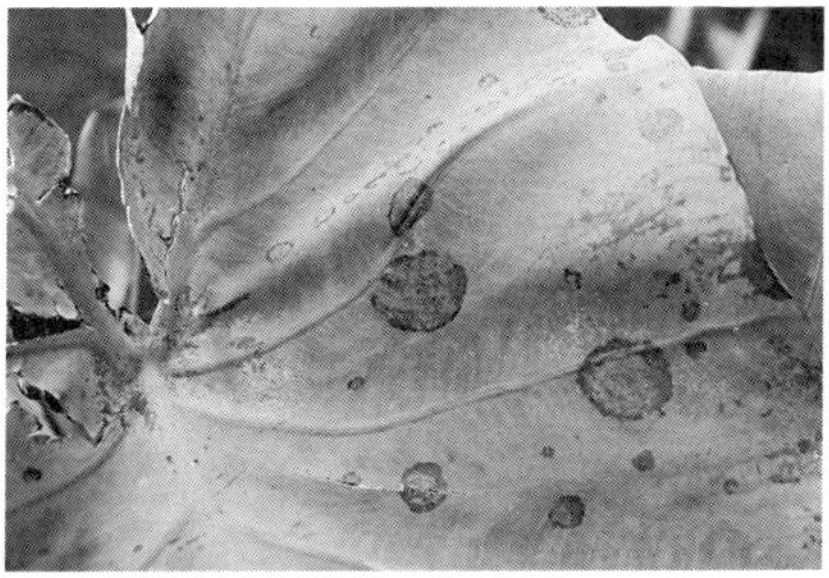

写真6－4　汚斑病
（原図：竹内妙子）

病原菌と発生生態　病原菌は *Cladosporium colocasiae* Sawada で、糸状菌の不完全菌類に属し、サトイモのみに病原性を示す。感染・発病の適温は二五℃前後で、潜伏期間は四～七日。罹病残渣とともに土壌に残り、翌年の伝染源となる。病斑上に形成された分生子によって二次伝染し、周囲に蔓延する。八～九月に降雨が多いと多発しやすい。生育初期に過繁茂になると発生しやすく、このような株で秋期に肥料切れを起こすと発病は激しくなる。

汚斑病はサトイモの一般的な病害で、ほとんどの圃場で発生するが、収量に大きく影響することはない。発病に品種間差があり「石川早生」「土垂」「八つ頭」などは弱い。

防除法　連作を避ける。窒素肥料の過用を避け、適切な肥培管理を行なう。生育後期に肥料が切れると発症が多くなるので、追肥をする。

(2)　萎凋病

病徴　栽培期間中に発病した場合は、地上部の葉は葉脈間が褐変し、やがて萎ちょうして、枯死する。葉柄を切断してみると維管束部が赤変している。親芋は維管束が赤変し、早期に発病したものはスポンジ状に乾腐する。維管束部の赤変は親芋から子芋、孫芋に順次広がる。

病原菌と発生生態　病原菌は *Fusarium oxysporum* Schlechtendahl で、糸状菌の不完全菌類に属する。病原菌は種芋に寄生して次作の伝染源になる。また、被害残渣とともに土壌に残って土壌伝染もする。病原菌の培地上での生育適温は二五～三〇℃で、最低八℃、最高は三五℃である。発病に品種間差があり、「石川早生」「大和早生」は弱く、「えぐ芋」はやや強い。

防除法　作付けは四～五年程度の長期輪作とし、多発生した圃場はローテーションから除く。また、種芋は無病畑から採種した健全な子芋または孫芋を用いる。親芋は汚染されている可能性があるので使用しない。

(3)　乾腐病

病徴　軽症の場合は生育中に症状は現われないが、症状が激しい場合は、八月ごろから地上部の生育が悪くなり、下葉の葉脈間が萎れてくる。症状が進むと、茎葉が倒伏したり、枯死しやすくなる。親芋を切断すると中心部に赤色の小斑点が認められ、さらに症状が進むと、芋の内部は赤色または赤褐色になり、スポンジ状に乾腐し、ついには空洞状になる。

病原菌と発生生態　病原菌は *Fusarium solani*（Martius）Saccardo で、糸状菌の不完全菌類に属する。病原菌は種芋に寄生して次作の伝染源になり、被害残渣とともに土壌に残って土壌伝染もする。

防除法　萎凋病と同じ。なお、発病のおそれがある場合は、キルパー60l／一〇a、バスアミド微粒剤またはガスタード微粒剤二〇～三〇kg／一〇aで土壌消毒する。

(4) 軟腐病

病徴　主に葉柄と葉に発生するが、芋に発生することもある。はじめ地際部が水浸状になり、しだいに広がって暗緑色の大型病斑となる。ひどくなると葉柄が軟化腐敗して倒伏し、消失する。芋には主に萌芽部分から発病し、しだいに軟化腐敗し、軟腐病特有の臭いがする。

病原菌と発生生態　病原菌は *Erwinia carotovora* subsp. *carotovora* (Jones, 1901) で、細菌に属する。多汎性の病原菌で、サトイモのほか、多くの野菜類や花卉類を侵す。培地上での生育適温三二～三三℃である。被害残渣とともに土壌に残り、土壌伝染する。また、種芋に寄生して次作の伝染源になる。夏から秋の高温期に多雨の年に発生が多い。土壌の乾燥や過湿はサトイモの生育を悪くし、発病を助長する。

防除法　軟腐病の出やすい作物との輪作や連作を避ける。乾燥時には灌水するが、畝間灌水をした場合は、水分が停滞しないよう排水に注意し、適度な土壌湿度を保つようにする。マルチをするときは透明マルチを避け、黒マルチにする。土寄せの際に葉柄や根に傷をつけないように注意する。窒素肥料の多用は禁物。

(5) 黒斑病

病徴　主に芋に発生する（写真6―5）。収穫後の出荷・貯蔵時に、芋の欠き口や除毛根、選別時に生じた傷跡表面に灰白色の菌叢が不整円形状に薄く発生する。しだいに肉質部に腐敗が進展するとともに、病斑は灰色～黒褐色の凹みになる。病斑部には黒色の小粒点が形成される。催芽床や定植初期に発生した場合、種芋は腐敗し、地上部の生育は不良になり、株全体が枯死することもある。

写真6－5　黒斑病
（原図：竹内妙子）

病原菌と発生生態　病原菌は *Ceratocystis* sp. で、糸状菌の子のう菌類に属する。病斑上に子のう殻、子のう胞子、厚壁胞子および分生子を生じる。発病の適温は二五～二七℃で、高湿度のときに発生するため、夏期の高温多湿条件で収穫すると多発しやすい。種芋伝染と土壌伝染をする。病原菌が子芋や孫芋に伝染するのは主に収穫時で、芋を分離する際や芽欠き・根欠き作業時に形成される傷口から病原菌が侵入する。傷のない健全な部分から病原菌が侵入することはない。

防除法　連作を避け、二年以上あけて作付けする。種芋は健全圃場から採種し、病原菌の侵入を防ぐために親芋から分離せずに

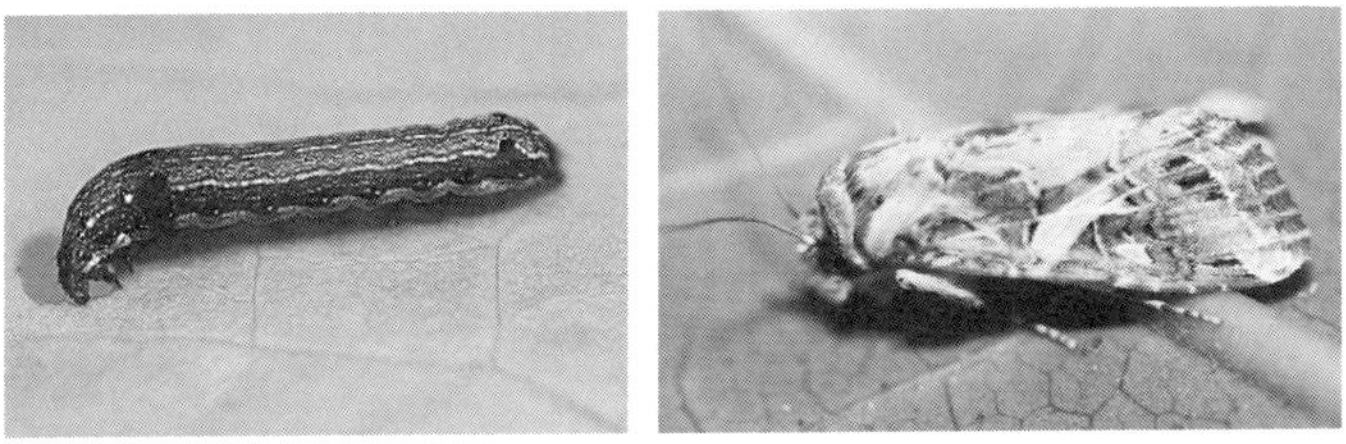

写真6−6　ハスモンヨトウ老齢幼虫と雄成虫
（原図：清水喜一）

貯蔵する。

植え付け前に種芋をトップジンM水和剤二〇〇〜五〇〇倍液に二〇〜三〇分間浸漬するか、ベンレートT水和剤の二〇倍液に一分間浸漬または種芋重量の〇・四〜〇・五％で粉衣する。収穫後、できるだけ早く予冷庫に入れて予冷する。予冷できない場合は、収穫後によく乾燥させると傷口のカルス化が促進され、発病を抑制できる。

（6）ハスモンヨトウ

ハスモンヨトウ（*Spodoptera litura* Fabricius）はきわめて広食性の害虫で野菜、畑作物、花卉、果樹などの各種作物を加害し、サトイモでは最も普通にみられる害虫（写真6—6）。非休眠性の暖地系害虫で、加温されたハウス内では冬期でも発育と加害を続ける。耐寒性は弱いので西南暖地で自然条件下での越冬は難しく、ハウス内などで越冬すると考えられている。移動性が高く、年に数世代発生するが、越冬個体がきわめて少ないので春は密度が低く、世代を重ねながら秋に多発するようになる。本種の発生量は年次によって変動し、梅雨明けが早く、暑さが厳しい年の秋に多発する傾向がある。

成虫の体長は一五〜二〇mm、開張は四〇mm前後で、前翅に斜めに交差した数条の淡褐色の縞模様がある。和名は、この特徴のある前翅の模様に由来している。

卵は、数百個が一塊となった卵塊として葉に産みつけられ、薄茶色の鱗毛（雌成虫のもの）に覆われている。幼虫には、頭の後方、第一腹節に特徴的な一対の黒い斑紋があり、老齢幼虫では、背の中央に一本、左右に二本の橙色の線が明瞭になる。体色は淡いものからほとんど黒く見えるものまで変化に富んでいる。

若齢幼虫時代は、集団で表皮を残して食害するので食害痕は茶色に汚れたような色になる。中齢以降は分散し、太い葉脈だけを残して暴食する。幼虫は六齢を経過し、土中で蛹化する。多発年では、六月ごろから圃場で幼虫が発生してくるが、例年は八月以降の被害が大きい。

中、老齢幼虫になるに従って薬剤の効果が低くなるので、若齢幼虫のうちに防除する。卵から孵化したばかりで集団になっている幼虫をみつけて取り除くのも重要な防除法である。交信攪乱剤として、コンフューザーVが登録されており、オオタバコガ、ヨトウガ、タマナギンウワバ、コナガ、シロイチモジヨトウとの同時防除が可能で、大面積で実施することができれば有効な防除法になる。

サトイモでは、BT剤としてゼンターリ顆粒水和剤が使用でき、殺虫剤としてはエルサン乳剤、ラービンフロアブル、トレボン乳剤、コテツフロアブル、プレオフロアブルなどに適用登録がある。

(7) セスジスズメ

セスジスズメ（*Theretra oldenlandiae* Fabricius）は大型の蛾で、幼虫の体長は最大で九〇mm程度になる。体色には個体差がある上に幼虫の齢期によって紋様が異なる（写真6―7）。中齢期には全体が鈍い黒色で側面に黄色い斑点があるが、終齢になると前方に二対の黄色い眼状紋、その後方に五対の朱色の眼状紋を持つ黒紫色のイモムシとなる。尾端にはトゲのような尾角があり、その先端は白いのが特徴で、蛹で越冬し、年二回発生する。ヤブガラシ（ブドウ科）での発生を目にすることが多い。

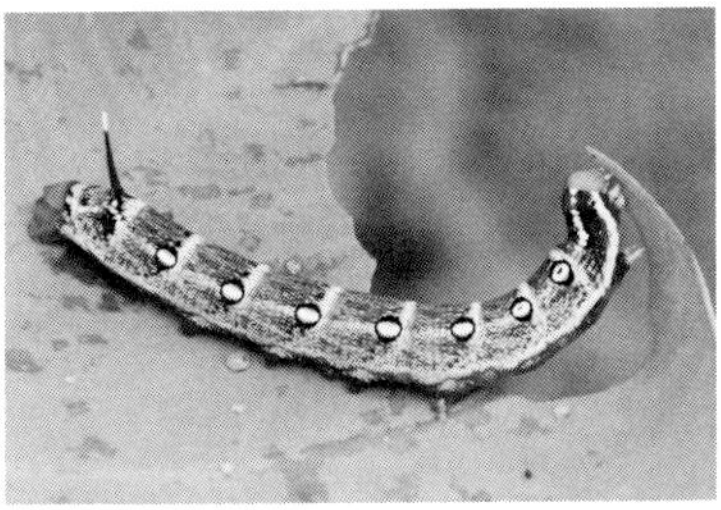
写真6−7　セスジスズメ終齢幼虫
（原図：清水喜一）

ハスモンヨトウのように大発生することはない大型の幼虫で、食害量が多いので発生時には注意が必要である。登録薬剤としてＤＤＶＰ乳剤50などがある。

(8) アブラムシ類

ワタアブラムシ（*Aphis gossypii*）とモモアカアブラムシ（*Myzus persicae*）の発生が多く、両種とも体色は変化に富む。ワタアブラムシは黄色、黄緑、暗緑色からほとんど黒色に見えるまで変異があり、モモアカアブラムシの体色も同様に変化に富むが、赤褐色系も存在する。ワタアブラムシには赤色系統は存在しないことと、モモアカアブラムシでは、角状管、尾片が体と同色で角状管の先端が暗色であることで区別できる。両種とも体長は一・五mm前後だが、大きさにも幅がある。キュウリモザイクウイルス（CMV）やサトイモモザイクウイルス（DMV）を媒介するが、通常の発生では、収量に大きく影響することは少ないようである。

梅雨明け後に発生が多くなるので、高温乾燥が予想されるときは、初期の段階からアディオン乳剤、ニッソランV乳剤、DDVP乳剤50などで防除する。植え付け時にアドマイヤー一粒剤を植え溝に土壌混和しておくのもよい。

(9) コガネムシ類

オオクロコガネ（*Holotrichia parallela*）、ドウガネブイブイ（*Anomala cuprea*）の加害が一般的だが、サクラコガネ（*Anomala daimiana*）、マメコガネ（*Popillia japonica*）などの発生もみられる。種によって多少異なるが、土壌中で越冬した幼虫が六〜八月に成虫となり、地上部を加害した後、土中に潜って産卵する。この卵から発生した幼虫がサトイモを加害して被害が発生するが、若齢幼虫は土壌中の腐植質や細根をえさとし、二齢幼虫以降に根や塊根を加害する。

未熟有機物の施用は、成虫の産卵を促すので完熟した有機物を使用する。薬剤防除法としては、植

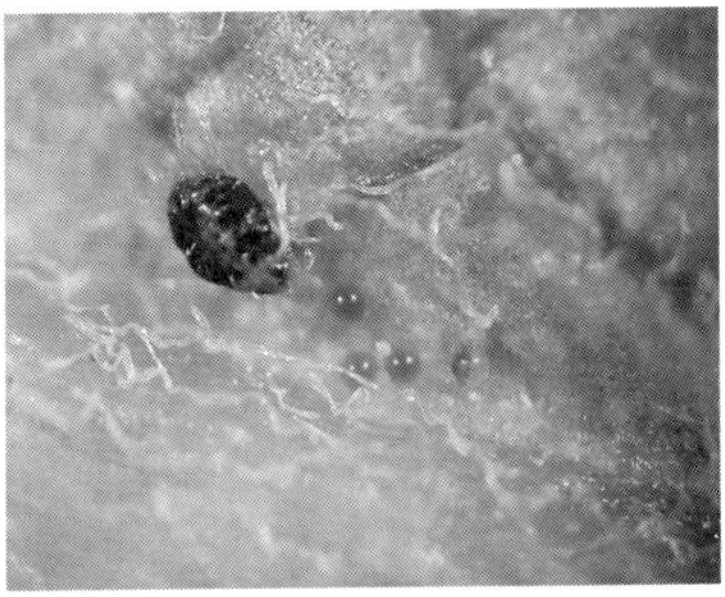

写真6−8　カンザワハダニ雌成虫と卵（原図：清水喜一）

え付け前にダイアジノンSLゾルを全面土壌混和するかブイハンターフロアブルを作条散布後土壌混和する。土寄せ時にオンコル粒剤五を株元に土壌混和するのもよい。

(10)　カンザワハダニ

サトイモには、カンザワハダニ（*Tetranychus kanzawai* Kishida）の発生が多く、葉裏に寄生する（写真6—8）。多発すると食害のために葉裏の色が抜け、白くなる。特に高温乾燥が続くと多発するのでアブラムシ類と同様に、初期の段階からサンマイトフロアブル、マイトコーネフロアブル、コテツフロアブルなどで防除する。

(11)　ミナミネグサレセンチュウ

被害　ミナミネグサレセンチュウ（*Pratylenchus coffeae*（Zimmermann）Filipjev et Schuurmans Stekhoven）は広食性で、各種作物に発生する。多発すると地上部の生育が抑えられ着生芋数が減少し、肥大も悪くなって品質、収量が低下する。

対策　栽培期間中の対策はない。耕種的な対策としては、健全な種芋を使用したり、連作せずにラッカセイなどと輪作を行なう。薬剤防除法としては植え付け前にD―D剤、ネマトリンエース粒剤などで土壌消毒する。また、パダンSG水溶剤で種芋の消毒を行なうのも有効である。そのほか、センチュウの圃場への侵入を防止することも重要で、人為的な侵入経路として、汚染種芋と汚染土の持ち込みが考えられる。ミナミネグサレセンチュウの汚染種芋は表皮の褐変、腐敗を伴い、圃場での根群状況などからも診断は可能である。しかし、汚染程度が軽度なものを種芋として使用する場合、その対策として、薬剤消毒をする。汚染土の持ち込みは農機具や資材などの付着土によることが多く、特にトラクター、畝立て機などの作業機に付着している汚染土は乾燥していてもその感染力は強いので、徹底した洗浄が必要である。

第7章　サトイモの利用と加工、料理

1　利用の歴史

サトイモは、熱帯、亜熱帯地方では多年生植物なので、必要なときに必要量を収穫して利用されるが、温帯地方での利用は、秋に収穫してから、春に植え付けるまでの期間と推察される。サトイモが日本に上陸した今から四千年前は、葉に包んで蒸し焼きにしたり、直接焼いて食べたと考えられる。しかし、すでに縄文土器があったことから、煮炊きして食べていたとも考えられる。

その後も、サトイモの芋は貴重な炭水化物源として、葉身・葉柄は野菜として広く利用され、特に熱帯・亜熱帯地方では、サトイモを中心とした食文化が展開された。つまり主食として利用するほかに、加工食品として、Pioという練り物食品や酒などがつくられるようになった。いずれも、芋を煮てつぶし、水と混ぜて発酵させたものである（ハワイなどの南洋諸島）。

一方、わが国では、その後、水稲が伝来し、サトイモは副食品として位置付けられるようになったが、神様へのお供え（縄文的信仰）としての位置付けは変わらなかったようである（後の世の丸いお供えはサトイモを模したもの）。

副食としては、子孫繁栄の縁起物として正月料理（雑煮）に、秋から冬にかけては煮転がしや田楽、秋野菜や鶏肉、ニシンとの炊き合わせ（筑前煮やけんちん汁など）に利用されていたようである。

近年でも、地域の結束を高める意味で、芋煮会や芋たきに用いられ（かつては米や野菜の収穫に感謝する祭りであった）、特別な食品である。また、サトイモの粘りを利用した食品として、蒸したサトイモをつぶし、小豆アンと混ぜてつくった和菓子、コムギやそば粉と練り合わせてつくった麺類や練り製品、餃子の皮などである。

なお、加工食品としては、干し芋茎（ズイキ）が代表的なものである。葉柄の皮をはぎ、乾燥させてつくった干し芋茎は、かんぴょうと同様に、わが国の伝統的保存食品で、長期保存としては飢饉に備えた食材として、短期保存としては中山間地の冬の野菜として大いに利用されていた。

2　栄養成分と食材としての特徴

サトイモは食品成分表には、品種、作型による成分含量の差があるが、一〇〇g中、水分は七〇～

八四g、炭水化物一三～二七・六g、カリウム六四〇mg、カルシウム一〇～三九mgを含み、芋類のなかではカロリーが低く、ジャガイモの三分の二程度である。炭水化物は大部分がデンプンだが、ペントザン、ガラクタン、デキストリン、ショ糖、タンパク質、ビタミン類を含む。

サトイモのぬめりは、多糖類のガラクタンとタンパク質が結合したもので、芋全体を覆い、煮汁の粘度を高め、泡立ちや噴きこぼれを起こす。調味料が浸透しにくいため、塩でもむか塩水で茹でこぼす前処理を行なう。アクにはわずかにホモゲンチシン酸とシュウ酸カルシウムが含まれ、皮をむくときに皮膚に触れると刺激でかゆくなることがある。

サトイモの葉柄の皮をむいて芋茎として利用される。緑色の葉柄にはシュウ酸カルシウムの結晶を含み、えぐみが強く食用にはならないが、赤紫色の葉柄は、えぐみがない（少ない）ので、乾燥して、芋茎として保存食にされる。精進料理には、甘酢のさっぱりした煮物が出される。なお、多少のえぐみは、加熱などでタンパク質を変性させることによって渋みが消えるので、加工の際に注意が必要である。

また、独特のぬめりはムチン、ガラクタンという成分によるもので、ムチンには消化促進、ガラクタンには免疫力向上作用があるとされる。また、高血圧防止（Naを体外に排出する）効果の高いカリウム含量が多いこと、ビタミンA（カロテン）が多いことなど、いわゆるヘルシーで機能性に富んだ芋といえる。

3　加工品とそのつくり方

(1)　芋茎（ズイキ）の利用

①芋茎利用に向く品種

サトイモに含まれるシュウ酸カルシウムの結晶は、光合成の副産物で、強日射や乾燥条件で栽培すると含量が増加する。赤芋の葉柄が干し芋茎に加工されるのは、青い葉柄と比べてシュウ酸カルシウムの結晶が少ないこと、肉質が柔らかいことによる。なお、赤芋のシュウ酸カルシウムの結晶は、乾燥処理や調理（過熱）によりさらに減少する。

芋茎専用の「蓮芋」は、他品種とは属が異なるため、葉柄は青いが、シュウ酸カルシウムの結晶は少ないので、刺激がなくおいしくいただける。なお、干し芋茎の加工方法については「第5章　1　普通露地栽培（15）芋茎（ズイキ）の収穫」に示した。

なお、干し芋茎は、水分含量一〇％以下で貯蔵性が向上するので、加工後も水分を再吸収しないように注意する。

②干し芋茎の料理

干し芋茎は表面を軽く水洗いし、ぬるま湯で戻す（一時間程度）。戻した後、固く絞って粕汁や甘辛煮、白和えなどに調理する。

粕汁　水で戻した干し芋茎は一cm程度に刻む。沸騰したお湯に酒粕を溶かし、細かく刻んだ干し芋茎を入れ、さらに沸騰させ、味噌で味を調えて出来上がり。ネギなどの薬味を加えるとおいしい。

甘辛煮　干し芋茎とシイタケは、長さと太さを揃えて切り、醤油、みりん、調理酒、さらにトウガラシを少量加えて煮込む。

白和え　干し芋茎は一・五〜二cm程度に、ニンジン、シイタケもほぼ同じ大きさに切り、甘辛く煮る。火を止めた後、緑の野菜（茹でたホウレンソウもしくはインゲンなど）を加え、荒熱をとる。十分に水切りをした豆腐は、つぶして先の野菜と混ぜて出来上がり。

(2)　芋の加工

①サトイモデンプン

わが国では、サトイモの皮をむいて、圧力鍋で蒸し、すり鉢ですりつぶした後、小豆アンと混ぜて芋まんじゅうなど和菓子に利用したり、卵白、ラード、片栗粉などとよく混ぜて団子の皮にし、餃子や肉まんじゅうなどのこだわり商品に加工されている場合があるが、量はきわめて少ない。これは、国内で生産されているサトイモが、家庭消費用に限られる(業務用は中国から輸入された安価な冷凍芋)ことから、乾燥デンプンに加工するだけの生産量がないことによると思われる。

しかし、近年は乾燥機の進歩から、安価に乾燥粉末がつくられるようになり、親芋や規格外の子芋からつくった粉末が、ネット上で市販されている。それらは比較的高価であるため、お菓子づくり用や湿布薬として利用されているようである。親芋や屑芋を簡単に集荷できれば、粉末価格も低下すると考えられる。

また、未利用サトイモ(親芋や小さい芋)の有効活用として、生産地近辺の畜産農家と連携し、乳酸発酵させ飼料として利用している例もある。ただし、新しい活用法については、特許申請をしているものもあるので注意が必要である。

②水煮、レトルト食品

サトイモは、収穫直後であれば、軽い摩擦で簡単に皮がむける。そのため、産地周辺では、規格外の小さな芋を、生産者が皮をむき、洗い芋として直売所などで販売している。すぐに調理できることから消費者としては便利だが、時間が経過するに伴い、表面が褐変して硬くなる欠点がある。そのため、皮をむいてから軽く加熱して酸化酵素を失活させた後、袋詰めしてそのまま販売したり、その後に冷凍して販売している例もある。しかし、大手の食品会社が、国産のサトイモを洗い芋もしくは冷凍芋に加工して販売しているケースはない。輸入冷凍芋が安く入手できるためであろう。

最近、スーパーやコンビニの売り場で、必ず目にするサトイモ製品がある。それは、高齢者や若い一人暮らしの人のためにつくられた「サトイモの煮転がし」「サトイモのそぼろアンかけ」「筑前煮」などの袋詰めである。商品の量や種類が増えていることから、売れるのであろう。これらに使用されている材料は中国産の冷凍芋である。国産のサトイモを調理すればもっとおいしいサトイモ料理が供給できるのに！

4　代表的な料理、これからつくってみたい料理

(1)　代表的な料理

既製品の袋詰め料理ではなく、国産のサトイモで食べてみたい代表的な料理を紹介する。食べたい料理の一番目はサトイモの煮転がし。次いで家庭料理として人気の筑前煮や、さっぱりとした味の根菜の汁物、東北で行なわれている芋煮など。以下、それぞれのおいしいつくり方を紹介する。

●サトイモの煮転がし

材料（四人分）　サトイモ　五〇〇g／だし汁適宜　調味料／醤油　大匙三・砂糖　大匙三・みりん　大匙三

つくり方　鍋に調味料を入れ、強火で煮詰める。多少焦げてもそれがうまみになる。煮詰まったら

だし汁をサトイモが隠れるくらいに入れ、中火で再び落とし蓋をして煮る。煮えてきたら照りと甘味をつけるためみりんを、好みによりごま油を入れて混ぜ、火を消して蒸らす。一晩置くと味がしみておいしい。

●筑前煮

材料(四人分) サトイモ 三〇〇g／鶏もも肉 三〇〇g／ニンジン 二〇〇g／ゴボウ 二〇〇g／コンニャク 二〇〇g／干しシイタケ 五枚など　調味料／サラダ油 大匙二・醤油 大匙二・みりん大匙二・砂糖 大匙二・塩 少々・だし汁二カップ

つくり方 鶏肉は一口大に切り、干しシイタケは水で戻し軸を取って半分に切る。ニンジンとゴボウは乱切りにし、コンニャクも一口大にちぎっておく。サトイモは皮をむいて大きめの乱切りにしておく。鍋を熱してサラダ油の半量を入れ、鶏肉を炒めて取り出し、熱いうちに醤油、みりん、砂糖（各小匙二）で濃いめの味をつけておく。鍋にサラダ油を足し、サトイモ、そのほかの野菜とコンニャクを加えて炒め、調味料を入れて落とし蓋をして中火で一五分ほど煮た後、調味料ごと鶏肉を鍋に戻して、さらに一〇分程度強火で水分をとばして出来上がり。

●根菜の汁物

材料(四人分) サトイモ 七〇〇g／レンコン 二〇〇g／ゴボウ 二〇〇g／ニンジン 二〇〇g／シイタケ 八枚／焼豆腐 一丁、など（材料は筑前煮と似ているが、油を使わない）　調味料／薄口

醤油 大匙四・酒 大匙四・みりん 大匙四・だし汁 五カップ（薄めに味つけする）

つくり方 サトイモ、ニンジン、レンコン、ゴボウ、シイタケはいずれも五～六mmの厚さに切り、豆腐は大きさを揃えてやや厚めに切り、鍋にすべてを加えて弱火で二〇分程度煮含めて出来上がり。好みで七味唐辛子をふる。

●芋煮（東北地方でつくられている芋煮）

材料（四人分） サトイモ 七〇〇g／コンニャク 一枚／ネギ 一本／牛バラ肉 三〇〇g 調味料／だし汁 六カップ・砂糖、醤油、日本酒を適宜

つくり方 サトイモとコンニャクは一口大に、ネギは大きく斜めに、牛肉は四～五cm幅に切る。だし汁を鍋に入れ、サトイモ、コンニャク、日本酒、醤油少々を入れてサトイモが柔らかくなるまで煮る。サトイモが柔らかくなったら牛肉を入れ、アクを取りながらお好みに合わせ醤油と砂糖で味を調え一煮立ちさせる。最後にネギを加え一煮立ちしたら出来上がり。舞茸を入れるとおいしい。

(2) これからつくってみたい料理

ここからは、若い人にも食べてもらうためのレシピで、ジャガイモの代わりにサトイモを使ったものである。一〇〇gのカロリーは、ジャガイモで七六キロカロリーに対しサトイモは五八キロカロリーであり、植物繊維は前者が一・三gに対し二・三gである。

サトイモとネギのグラタン

材料（4 人分）

サトイモ 400 g
ネギ 2 本
生クリーム 1 パック
調味料：白だし大匙 1
鰹節 2 パック
とろけるチーズ少々

つくり方

サトイモは皮をむいて茹で，柔らかくなったら水を切って鍋に移し生クリーム 1 パックと 2cm に切ったネギを加え，白だし大匙 1 を入れて煮立たせる。耐熱容器に移し，チーズをのせてオーブンまたはトースターで焼き，チーズがとろけて焦げ目がついたら取り出し，鰹節をかけて出来上がり。ベーコンを入れてもおいしい。

サトイモのコロッケ

材料（4人分）

サトイモ 800 g
豚ひき肉 200 g
タマネギ 1 個

つくり方

サトイモは洗って、耐熱容器に並べ、ラップをして電子レンジ（600 W）で、片面３分、裏返して３分、竹串が通るくらいまで加熱する。ラップを外して、冷えたら皮をむいて、スリコギやフォークでつぶす。

そのあとは、ジャガイモコロッケのつくり方と同様である。

そのほか、ジャガイモを使う肉ジャガ、シチュー、カレーなど何にでも使える。さらに、ジャガイモより歴史が古いだけ、料理の種類は多く、調理も比較的簡単である。にもかかわらず、利用頻度が少ないのは、なぜだろう。

ちなみに、泥付きサトイモに手を出さない友人に、その理由を聞いたところ、①料理のための下ごしらえ（皮むき）が面倒、②購入した生芋の袋には腐り芋が混ざっていることが多く、時間を経過するとさらに増加するため、だそうだ。それには次のような方法がよい。

①調理する前に、包丁で皮をむくのは、芋がヌルヌルして切りにくく、さらに手がかゆくなるので確かに苦痛である。その場合、電子レンジを用いるとよい。サトイモをよく洗い、耐熱容器に並べ、ラップをして電子レンジで、片面三分、裏返して三分、竹串が通るくらいまで加熱する。ラップを外して、冷えたら皮はむきやすく、ぬめりも少なくなり、かゆくもならない。

②罹病芋の混入については、出荷時の選別不十分というよりは、むしろ泥付きで室温状態に放置されたことによる貯蔵病害の発生と考えられる。購入してすぐに利用しない場合は、よく洗って水気を取り、速やかに乾燥させて、一個ずつ新聞紙に包んで室内に置く。くれぐれも冷蔵庫に入れてはいけない。低温障害によって、逆に腐れが助長されるからである。

どこか懐かしく、しかも体にやさしいサトイモを食べながら、はるか縄文の昔をしのんでみていただきたい。そんな歴史の中に私たちは生活しているのである。

付録1　新たにつくるときの種芋の入手方法

主要品種は、日本種苗協会に加入している各県の種苗店に問い合わせるのがよい。各県の種苗店は、各県の生産および消費の動向を心得ていると同時に、自県、近県のネットワークがあり、各種情報と種芋入手が容易と思われる。

これまで、大手種苗会社は、栄養繁殖性野菜を扱うことはなかったが、近年はウイルスフリー化（付加価値の付与）が可能になり、苗を扱う業者が現われ、サトイモも扱うようになってきている。しかし、扱う品目は、あくまでも主要品種で、特定地域の品種を扱うことは少ないようである。

例　カネコ種苗株式会社　本社・種苗部　群馬県前橋市古市町一―五〇―一二

TEL　〇二七（二五一）一六一一

松永種苗株式会社　愛知県江南市古知野町瑞穂三番地

TEL　〇五八七―五四―五一五一

また、インターネットには、楽天市場をはじめとする多品目を対象としたサイトのほか、各産地が独自品目の種芋だけを販売するサイトも見受けられるようになった。

ただし、各県の試験研究機関が育成した品種は、県外に出すことを禁止している例が多いので、入手は困難と思われる。ただ、それぞれの品種の特徴については、『農業技術大系野菜編第一〇巻』（農文協発行の加除式出版物）を参照のこと。

昔からある地域独自の伝統品種は、生産量も販売も限られている品種が多く、入手も難しいようである。なかには品種が手に入って栽培してみても、なかなか思ったような品質と収量を得るのが難しい例もある。

つまり、サトイモは、基本的には各地区の気象や土壌の条件に合ったものを、時間をかけて選んできたものなので、環境条件の異なるところから種芋を調達するよりは、比較的環境条件の似ているところから調達し、自ら栽培する条件に合ったものを選んでいくほうが、安定生産の近道だと考えられる。

業（手作業と機械作業体系）

	8			9			10			11			12月		
下	上	中	下	上	中	下	上	中	下	上	中	下	上	中	下
→	←生育盛期					→	←芋肥大期		→	←収穫期		→			
		葉柄の長さが110～120cm程度。健全な葉が土垂で4～5枚，石川早生で6枚ついている。葉は大きく肉厚で，株元が太い。子芋から萌芽した葉の葉柄が短い					葉はやや細長く色はやや薄くなり上を向く			親芋の葉柄は健全で太く株元に地割れが入る。子芋の葉が先に枯れ次に親芋の葉が枯れる					
		適切な土壌水分管理，排水対策，強風対策。病害虫：ヨトウムシ類とハダニ													
	追肥 土寄せ	防除							地上部刈り/株の掘り取り/親子分離/納屋への運搬/子・孫芋分離/除根/出荷規格に従い選別/箱もしくは袋に詰めて出荷					額縁掘り 排水用溝掘り	
	2	2							54		82			8	
	重	中							重		中			重	
	不要	防除							地上部刈り取り（手あるいはモア）/マルチはぎ取り機（アタッチメント）/掘り取り機/フォークリフト（アタッチメント）/子孫芋分離/共同選別					溝掘り機 サブソイラー	
		2							14		1			2	
		中							中		軽			中	

付録2 サトイモの生育と作

	3			4			5			6			7	
	上	中	下	上	中	下	上	中	下	上	中	下	上	中
ステージ								←→ 出芽期		←		土寄せ期		
生育の目安								出芽揃いが良好。芽が1本で太い				下葉が健全で残っている。新しい葉が前の葉より大きい。葉の形はやや丸め。子芋からの葉が小さい		
管理のポイント							柔らかく水持ちの良い土壌をつくる。健全な種芋を使い，大きさを揃える。適切な植え付け時期，植え付け深度を守る（晩霜害回避）。マルチ焼けの回避					適切な基肥および追肥の施用。土寄せによる断根に注意。適切な土壌水分管理。病害虫防除：ヨトウムシ類とコガネムシ		
手作業体系	種芋準備			有機物と土壌改良資材の施用	施肥，耕起，畝立て	マルチ被覆，植え付け		マルチ穴あけ				マルチ除去 追肥，土寄せ		防除
作業時間					61			7				5	2	
労働強度					重			軽				重	中	
機械作業体系 トラクターのアタッチメントを主体とする		種芋準備			エイブルプランター（アタッチメント）種芋植え付け（植え付け深さ15cm）。局所施肥（緩効性肥料で全量基肥施用）。畝立て，マルチ被覆				マルチ穴あけ（手作業）			不要	防除	
作業時間					11			7					2	
労働強度					中			軽					中	

エイブルプランター

マルチはぎ取り機

フォークリフト

〈機械作業体系に利用される作業機械〉

共同選別のライン

スクリューオーガー
による溝切り
（写真提供　高田健一郎）

サブソイラー
による弾丸暗渠掘り
（写真提供　高田健一郎）

◇著者略歴◇

松本　美枝子（まつもと みえこ）

1947（昭和22）年，富山県高岡市生まれ，1972（昭和47）年，新潟大学大学院卒業。農学博士（北海道大学）。

富山県農林水産総合技術センターを経て，現在，ＪＡとやま営農販売部技術主管。

著書に『農業技術大系野菜編第７巻』（ハクサイ　ゴマ症の発生原因の解明と防止対策），『同第10巻』（サトイモ　新しい育苗法―分割・セル成型苗育苗），『地域資源活用食品加工総覧　素材編　第９巻穀類，雑穀，マメ類，イモ類，油脂作物』（サトイモを担当）など（以上農文協），『野菜の手帳―食卓の名脇役』（講談社，分担執筆）

◆新特産シリーズ◆
サトイモ――栽培から貯蔵，種芋生産まで

2012年３月20日　第１刷発行
2015年２月15日　第２刷発行

著者　松本　美枝子

発行所　一般社団法人　農山漁村文化協会
郵便番号　107-8668　東京都港区赤坂7丁目6－1
電話　03（3585）1141（営業）　03（3585）1147（編集）
FAX　03（3585）3668　　振替　00120－3－144478
URL http://www.ruralnet.or.jp/

ISBN978-4-540-10134-2　　製作／(株)農文協プロダクション
〈検印廃止〉　　印刷／(株)新協

製本／根本製本(株)
Printed in Japan　　定価はカバーに表示
乱丁・落丁本はお取り替えいたします。